V&R

Kai von Klitzing (Hg.)

Psychotherapie in der frühen Kindheit

Vandenhoeck & Ruprecht
in Göttingen

Die Deutsche Bibliothek – CIP-Einheitsaufnahme

Psychotherapie in der frühen Kindheit:
hrsg. von Kai von Klitzing. – Göttingen:
Vandenhoeck & Ruprecht, 1998
ISBN 3-525-45825-8

Satz: KCS GmbH, Buchholz/Hamburg
Druck und Bindearbeiten: Hubert & Co., Göttingen.

Inhalt

Vorwort

Am 21. 6. 1996 wurde die *Gesellschaft für seelische Gesundheit in der Frühen Kindheit e.V.* von Mitgliedern der *W*orld *A*ssociation for *I*nfant *M*ental *H*ealth (WAIMH) als deutschsprachige Tochtergesellschaft mit dem internationalen Namen German speaking *A*ssociation for *I*nfant *M*ental *H*ealth (GAIMH) gegründet. Die GAIMH widmet sich sowohl wissenschaftlichen als auch therapeutischen Anliegen. Sie unterstützt grundlagen- und anwendungsorientierte Forschung über die seelische Entwicklung in der frühen Kindheit, die Pränatalzeit, die psychische Gesundheit von Eltern und Familien sowie Entstehungsbedingungen, Auswirkungen und Folgen von Störungen der seelischen Entwicklung. Sie widmet sich darüber hinaus der Entwicklung von wissenschaftlich fundierten Programmen und Beratungsangeboten zur Vorbeugung und Behandlung von psychischen Gefährdungen in Schwangerschaft und früher Kindheit. Diese Bewegung von der wissenschaftlichen Erforschung der frühen psychoemotionalen Entwicklung hin zur therapeutischen Intervention in diesem Bereich hat sich auch in den Themen der bisherigen Jahrestagungen dieser Gesellschaft widergespiegelt. Beschäftigte sich die erste Tagung im Juni 1996 in München mit Methoden der systematischen Beobachtung von frühen Entwicklungs- und Interaktionscharakteristika, so war die zweite Tagung, die im Mai 1997 in Basel stattfand, dem Thema »Psychotherapie und Beratung in der frühen Kindheit« gewidmet.

Mein ursprünglicher Plan bestand darin, die Beiträge der Basler Tagung in einem Buch zusammenzufassen. Daß der nun fertiggestellte Band weit mehr als ein Tagungsbericht geworden ist, liegt daran, daß die Autoren die Themen ihrer Beiträge wesentlich grundsätzlicher und umfassender abhandeln. Um der kindlichen und familialen Entwicklung sowie dem therapeutischen Anliegen gerecht zu werden, wurden Beiträge über die Prä- und Postnatalzeit, die Diagnostik und Differentialdiagnostik früher Regulationsstörungen und die Bedeutung des Vaters im therapeutischen Prozeß hinzugefügt. Ich danke allen Autoren für ihre intensiven Bemühungen, ihre Kenntnisse und Erfahrungen in solch umfassender und doch kondensierter Form darzustellen.

Der Übergang zwischen Psychotherapie und Beratung ist gerade im Umgang mit Eltern und kleinen Kindern fließend. Trotz aller Abgrenzungsversuche bewegen wir uns in vielen Berufsfeldern häufig auf dem Grat zwischen diesen Bereichen. Dieses Buch ist auch als Anregung für die verschiedensten Berufsgruppen gedacht, die im Bereich Schwangerschaft, Geburtshilfe, Kindermedizin, Psychiatrie und Kinderpsychiatrie, Psychologie und Mütter-/Väterberatung tätig sind. Daß in diesem Feld eine große Heterogenität vorliegt, zeigt sich auch an der Unterschiedlichkeit und manchmal sogar Widersprüchlichkeit unserer theoretischen Ansätze und praktischen Arbeitsweisen, wie sie in diesem Buch dargestellt werden. Wir sollten darauf achten, daß wir die Vielfältigkeit kreativ nutzen, uns über Gegensätze sachorientiert auseinandersetzen und nicht in einen destruktiven Schulenstreit verfallen. Unsere gemeinsame Zielrichtung besteht darin, Bewußtsein und Wissen über die Bedeutung der frühen Kindheit für die individuelle und gesellschaftliche Entwicklung zu schaffen und auf die Wichtigkeit früher präventiver und therapeutischer Interventionen hinzuweisen, wenn die ersten Lebensjahre unter Risikobedingungen verlaufen.

Einen ganz herzlichen Dank gebührt der Freien Akademischen Stiftung, Basel, die durch ihre großzügige finanzielle Unterstützung dieses Buch erst möglich machte, sowie der Firma Lego, Schweiz, für ihre Sach- und Geldspenden.

Kai von Klitzing

Kai von Klitzing

Psychotherapeutische Arbeit mit Säuglingen, Kleinkindern und ihren Eltern

Eine Einführung

»Die Aufnahme in die Kinderklinik erfolgte primär aus sozialen Gründen. Deshalb kann die Behandlung nicht zu Lasten der Krankenkasse erfolgen.« Mit diesem kurzen Statement des Vertrauensarztes wurde die Kostenübernahme für die Behandlung der 4 Monate alten Sabine verweigert, die wir wegen einer sich zuspitzenden Beziehungsstörung im Rahmen einer Postpartumdepression der Mutter vorübergehend hospitalisieren mußten. Unserem Argument, daß der stationäre Aufenthalt der Einleitung einer intensiven Eltern-Kind-Psychotherapie diente, wurde entgegengehalten: »Nicht das Kind ist krank und behandlungsbedürftig, sondern die Mutter.«

Diese Episode zeigt die Schwierigkeit, einen psychotherapeutischen Ansatz angesichts Störungen in den ersten Lebensmonaten und -jahren so zu definieren, daß er in die individuumzentrierte medizinische Denkweise paßt. Kann ein Säugling schon psychisch krank und damit psychotherapeutisch behandlungsbedürftig sein? Ist nicht die Sprache das primäre Medium wissenschaftlich anerkannter Psychotherapiemethoden? Schließt dies nicht die Anwendung psychotherapeutischer Methoden an Kindern vor dem Spracherwerb aus? Andererseits ist die Aussage, dass die ersten Jahre die weitere seelische Entwicklung entscheidend prägen, fast zu einem – manchmal etwas unkritisch angewandten – Allgemeinplatz geworden. Vielfältig werden besonders schwere Störungen der Persönlichkeitsentwicklung (wie »Borderline«- oder »narzißtische Störungen«) als »frühe Störungen« bezeichnet und damit der Annahme unterstellt, daß sie besonders früh in der kindlichen Entwicklung entstanden sind. Stehen wir also vor einer Bankrotterklärung, daß unsere Methoden gerade in der Altersgruppe nicht anwendbar sind, in der die psychische und emotionale Entwicklung besonders rasant verläuft und damit auch besonders störanfällig ist. Eine solche »Altersbarriere« wäre vergleichbar mit einem Stillstand in der Pädiatrie, wenn man dort Herzkrankheiten im Säuglingsalter für unbehandelbar hielte. Ähnlich wie in der somatischen Medizin gilt wohl in Psychiatrie und Psychosomatik auch, daß die Prognose einer Störung um so besser ist, je früher sie diagnostiziert und behandelt wird. Von daher sollte es für Geburtshelfer, Kinderärzte, Psychiater, Kinderpsychiater, Psychologen, Elternberater und so weiter ein wichtiges Anliegen sein, »frühe psychische Störungen« auch früh zu diagnostizieren, zu verstehen und zu behandeln. Die faszinierenden Ergebnisse der Säuglings- und Kleinkindforschung zeigen dabei, daß wir angesichts der besonderen Komplexität der frühen kindlichen Entwicklung viele unserer gewohnten Denkkategorien in Frage stellen, wenn nicht sogar überwinden müssen: die Einteilung in biologisch, psychisch und sozial, wenn wir über die Ätiologie von Störungen sprechen, die Eindeutigkeit der Abgrenzung zwischen gesund und krank, gestört und nicht gestört, die uns psychiatrische Klassifikationssysteme zuweilen suggerieren, sowie die klare Trennung zwischen psychischen Strukturen in einer Person (»intrapsychisch«) und Eigenschaften einer Beziehung (»interpersonal«), um nur einige zu nennen. Vielleicht liegt es auch an dieser Notwendigkeit zur Überwindung von festgefahrenen Denkmustern, die Wissenschaftler und Kliniker oft daran hindert, sich mit der frühen Kindheit zu beschäftigen. So tun sich beispielsweise die Autorengruppen der klassischen Diagnosesysteme für psychische Störungen (sowohl DSM als auch ICD) nach wie vor schwer damit, den Entwicklungsaspekt und die frühe Kindheit in ihre Kategorien zu integrieren. Das hat unmittelbare Folgen für die klinische Forschung und die Behandlungen von Störungen in der frühen Kindheit. »Denn wo es keine anerkannten Diagnosen gibt, gibt es auch keinen Forschungs-

und Behandlungsbedarf.« So wird nur allzu gerne bei der Verteilung von Forschungs- und Krankenkassengeldern argumentiert.

Dabei verfügen wir mittlerweile über ein recht fundiertes, sich dauernd im Fluß befindliches Wissen über die frühe psychische Entwicklung des Kindes, welches unseren psychotherapeutischen Überlegungen als Fundament dient. So hat die Forschung beispielsweise die organisierende und adaptive Bedeutung emotionaler Prozesse für die frühe mentale Entwicklung hervorgehoben (Shapiro u. Emde 1993). Emotionale Signale stellen für Säuglinge und Kleinkinder eine wichtige Basis für das eigene sich entwickelnde Selbsterleben und mit zunehmender Reifung auch eine Motivation für Aktivität und Explorationsverhalten dar. Im Laufe des ersten Lebensjahres suchen Kinder zunehmend gezielter nach emotionalen Signalen ihrer Betreuungspersonen, und es sind nicht zuletzt emotionale Signale, die von Anbeginn an das elterliche Fürsorgeverhalten leiten. Dem emotionalen Austausch zwischen Kind und Betreuungsperson/Eltern wird deshalb eine zentrale Bedeutung für die frühe Entwicklung zugesprochen. Hieraus abzuleiten ist, daß emotionale Störungen in der frühen Entwicklung nicht nur im Kind oder nur in der Mutter angesiedelt werden können, sondern immer auch den interpersonalen Austauschprozeß betreffen.

Es ist ebenfalls gezeigt worden, daß Säuglinge und Kleinkinder durch konstitutionell bedingte Verhaltensdispositionen (oft als Temperamentseigenschaften bezeichnet) in bezug auf emotionale Sensitivität, Intensität und Responsivität schon früh aktiv zur Beziehungsgestaltung mit wichtigen Beziehungspersonen beitragen (Plomin u. Dunn 1986). Deshalb müssen sowohl die elterliche Betreuung als auch eine psychotherapeutische Intervention immer der Individualität des Kindes Rechnung tragen. Die frühe Entwicklung, insbesondere wenn sie unter Risikobedingungen verläuft, sollte nicht als eine Summe von durch das Kind und seine Betreuungspersonen hervorgerufenen Einflüssen angesehen werden, sondern als ein Ausdruck interaktiver Prozesse, in denen es zu Stimmigkeiten und Unstimmigkeiten kommen kann. Obwohl intrapsychische emotionale Organisationen auch klare biologische Wurzeln haben, entstehen sie doch innerhalb der Eltern-Kind-Beziehung und weisen deutliche kulturelle Variationen auf. Psychotherapeutische Interventionen müssen deshalb auf individuelle, familiale und kulturelle Gegebenheiten zugeschnitten werden.

Die psychosoziale Entwicklung eines Kindes ist immer in ein Beziehungsgefüge (Eltern oder andere Betreuungspersonen – Kind) eingebettet. Die kindliche Fähigkeit zur emotionalen Regulation entsteht und entwickelt sich innerhalb des Kontextes interpersonaler Bedeutungen, welche in unzähligen interaktiven-emotionalen Austauschvorgängen zwischen dem Kind und seinen primären Bezugspersonen vermittelt werden. Deshalb sind emotionale Regulationsprozesse innerhalb von Beziehungskontexten für die Entwicklung besonders wichtig. Gemäß diesen Erkenntnissen sollten Entwicklungsvariationen, wie beispielsweise Störungen der Verhaltensregulation (vgl. die Beiträge von v. Hofacker und von Papoušek in diesem Band), nicht allein im Kind sondern in der frühen Eltern-Kind-Beziehung lokalisiert werden (Sameroff u. Emde 1989). Hierbei wurden bisher, etwa in der Bindungstheorie und -forschung, vor allem dyadische Beziehungsgefüge betrachtet. Dieter Bürgin regt uns in seinem Beitrag zu einer Erweiterung in Richtung triadischer und polyadischer Sichtweisen an. Dieser Standpunkt ist nicht mit der einseitigen Aussage zu verwechseln, daß alle Ursachen, wenn nicht sogar die »Schuld« von psychischen Störungen in der frühen Kindheit immer bei den Eltern zu suchen sind. Störungen können ihre Wurzeln in biologischen Gegebenheiten, im kindlichen Temperament, in elterlichen Einstellungen oder – bei weitem am häufigsten – in einer Vernetzung dieser Aspekte haben, wie dies Nikolaus von Hofacker (in diesem Band) besonders deutlich am Beispiel der Schlaf-, Schrei- und Fütterstörungen beschreibt. Die Beziehung ist jedoch der Bereich, in dem sich die Dysregulationen abspielen. Hier werden sie am ehesten sichtbar und können deshalb auch therapeutisch angegangen werden.

Die Forschung hat auch gezeigt, wie früh Grundlagen für die moralische und charakterliche Entwicklung von Individuen gelegt werden und wie sehr diese von der Erfahrung kontinuierlicher und entwicklungsadäquater Beziehungen abhängen (Kagan u. Lamb 1987). Die Fähigkeit zur sozialen Gegenseitigkeit, die Internalisierung von sozialen Erwartungen und Regeln sowie von moralischen Standards und die Entstehung von Empathie und prosozialen Verhaltensweisen gegenüber anderen sind zentrale Entwicklungsaspekte der ersten drei Lebensjahre. All diese persönlichen Stärken entstehen und entwickeln sich in bedeutungsvollen Beziehungen zwischen dem Kind und seinen wichtigsten Beziehungspersonen. Optimale psychotherapeutische Interventionen haben deshalb die Verbesserung der emotionalen Gegenseitigkeit und emotionaler Austauschprozeße zum Ziel. Im Hinblick auf den Einfluß, den positive emotionale Beziehungen auf die Persönlichkeitsentwicklung haben, beinhalten frühe psychotherapeutische Interventionen auch große präventive Möglichkeiten, nicht zuletzt auch in transgenerationaler Hinsicht. So besteht die Chance, daß Menschen, die als Kinder in positiven emotionalen Beziehungsgefügen aufwachsen, diese Erfahrungen einmal in ihren Beziehungen als Eltern mit ihren eigenen Kindern weitergeben können.

Im Vergleich zu dem nur in Auszügen dargestellten Wissensstand über die psychoemotionale Entwicklung sowie deren Störungen in den ersten drei Lebensjahren befinden wir uns besonders im deutschsprachigen Raum noch in einer Frühphase, was die Konzeptualisierung psychotherapeutischer und beraterischer Interventionen in diesem Altersbereich betrifft. Es soll hier kein Überblick über die verschiedenen Ansätze und »Schulen« gegeben werden, weil dies die Autorinnen und Autoren aus ihrer jeweiligen Sicht leisten. Es werden Konzepte und praktische Erfahrungen aus den verschiedensten berufsspezifischen und theoretischen Blickwinkeln zusammengetragen. Der gemeinsame Nenner besteht darin, daß die Förderung der Eltern/Betreuungspersonen-Kind-Beziehung als ein wesentliches therapeutisches Ziel angesehen wird. Daß hierzu die verschiedensten Theorien und Erfahrungen herangezogen werden, von psychoanalytischen Sichtweisen über Konzepte der »interactional guidance« bis hin zu lerntheoretischen und systemischen Ansätzen, kann der Sache nur dienlich sein. Damit soll nicht einer unkritischen Mischung, einem Potpourri der Methoden das Wort geredet werden. Es erscheint vielmehr wichtig, daß Therapeutinnen und Therapeuten ihr jeweiliges therapeutisches Rüstzeug in das Feld einbringen. Dabei sollten sie genau definieren, an welcher Stelle sie Modifikationen ihrer Technik vornehmen, um der frühen Entwicklung des Kindes und seiner Beziehungen gerecht zu werden, und wo die Grenzen ihrer Herangehensweisen liegen.

In Deutschland stellen die »Münchener Sprechstunde für Schreibabies« und die Hamburger Beratungsstelle »Menschenskind«, über die uns Mechthild Papoušek und Renate Barth (beide in diesem Band) berichten, Modelleinrichtungen der ambulanten psychotherapeutischen Behandlung von Säuglingen, Kleinkindern und ihren Eltern dar. Sie sind modellhaft, weil sie zur Schaffung ähnlicher Einrichtungen an anderen Orten anregen. Modelle sind aber nicht einfach kopierbar. Daß es sich lohnt, in den verschiedensten klinischen Zusammenhängen vor dem Hintergrund unterschiedlicher theoretischer Grundüberlegungen für Eltern und ihre Säuglinge/Kleinkinder ein psychotherapeutisches Angebot zu schaffen, zeigen die wegweisenden Arbeiten, die Marguerite Dunitz und Peter Scheer (in diesem Band) im Rahmen einer pädiatrischen Klinik, Fernanda Pedrina (in diesem Band) in der kinderärztlichen/psychotherapeutischen Praxis sowie der Herausgeber zusammen mit Heidi Simoni und Dieter Bürgin (beide in diesem Band) im Rahmen der Kinderpsychiatrie leisten. Das vorliegende Buch soll einen Überblick über diese vorläufig im deutschen Sprachraum noch pionierhaften Ansätze geben sowie zur Diskussion und Nachahmung anregen.

Dieter Bürgin

Psychoanalytische Ansätze zum Verständnis der frühen Eltern-Kind-Triade

tres faciunt collegium

In Goethes *Faust* gibt es eine Episode, die man unter den Aspekten dieses Themas lesen kann.

Faust: »Der Kaiser will, es muß sogleich geschehn, will Helena und Paris vor sich sehn; das Musterbild der Männer so der Frauen, in deutlichen Gestalten will er schauen ...« (6183–5). Faust soll dies dem Kaiser ermöglichen.

Mephisto zögert: »Hier stehen wir vor steilern Stufen, greifst in ein fremdestes Bereich ...« (6193–4). Er fährt dann fort: »Ungern entdecke ich höheres Geheimnis. – Göttinnen thronen hehr in Einsamkeit, um sie kein Ort, noch weniger eine Zeit; von ihnen sprechen ist Verlegenheit. Die Mütter sind es!«

Faust (aufgeschreckt): »Mütter!«

Mephisto: »Schauderts dich?«

Faust: »Die Mütter! Mütter! – 's klingt so wunderlich!«

Mephisto: »Das ist es auch. Göttinnen, ungekannt Euch Sterblichen, von uns nicht gern genannt. Nach ihrer Wohnung magst ins Tiefste schürfen; du selbst bist schuld, daß ihrer wir bedürfen.«

Faust: »Wohin der Weg?«

Mephisto: »Kein Weg! Ins Unbetretene, nicht zu Betretende! Ein Weg ans Unerbetene, nicht zu Erbittende! Bist du bereit? – Nicht Schlösser sind, nicht Riegel wegzuschieben, von Einsamkeiten wirst umhergetrieben. Hast du Begriff von Öd und Einsamkeit?« (6211–27) … »Nichts wirst du sehn in ewig leerer Ferne, den Schritt nicht hören, den du tust.«

Faust: »Du sprichst als erster aller Mystagogen, die treue Neophyten je betrogen. Nur umgekehrt. Du sendest mich ins Leere, damit ich dort so Kunst als Kraft vermehre« (6247–52).

Mephisto gibt ihm einen Schlüssel, den Faust erst geringschätzt: »Das kleine Ding.«

Mephisto: »Erst faß ihn an und schätz ihn nicht gering!«

Faust: »Er wächst in meiner Hand! Er leuchtet, blitzt!«

Mephisto: »Merkst du nun bald, was man an ihm besitzt? Der Schlüssel wird die rechte Stelle wittern; folg ihm hinab: er führt dich zu den Müttern!« (6259–64).

Nun schaudert Faust, wundert sich, daß ihn das Wort »Mütter« so trifft, er es nicht hören mag, und ist ergriffen.

Mephisto: »Entfliehe dem Entstandnen in der Gebilde losgebundne Reiche! Ergötze dich am längst nicht mehr Vorhandnen! Wie Wolkenzüge schlingt sich das Getreibe: den Schlüssel schwinge, halte sie vom Leibe! … Ein glühnder Dreifuß tut dir endlich kund, du seist im tiefsten, allertiefsten Grund. Bei seinem Schein wirst du die Mütter sehn: die einen sitzen, andre stehn und gehn, wies eben kommt. Gestaltung, Umgestaltung, des ewigen Sinnes ewige Unterhaltung. Umschwebt von Bildern aller Kreatur, sie sehn dich nicht, denn Schemen sehn sie nur. Da faß ein Herz, denn die Gefahr ist groß, und gehe grad auf jenen Dreifuß los, berühr ihn mit dem Schlüssel!« (6275–92).

Diesen Dreifuß soll Faust zurückbringen, denn mit ihm könne er diese Gestalten aus der Nacht heranrufen. Aber ungefährlich scheint die Sache nicht zu sein, denn die Szene schließt, nachdem Faust stampfend versunken ist, mit folgenden Worten Mephistos: »Wenn ihm der Schlüssel nur zum besten frommt! Neugierig bin ich, ob er wieder kommt« (6306–7).

Die Re-Gression zu den Müttern, wo sich die magische Dreiheit (Dreifuß) aufbewahrt findet, die mitgebracht werden kann, bedarf einer spezifischen Phallizität (Schlüssel). Drei kann als Sinnbild für die Synthese zweier Prinzipien, als eine Art zauberkräftige Zahl betrachtet werden. Sich mit frühen Dreisamkeiten auseinanderzusetzen, ist somit kein leichtes Unterfangen. Bei Goethe steht in seinem Faust leider nicht zu lesen, was bei den Müttern geschah. Später in der Tragödie taucht Faust mit dem Dreifuß wieder auf und gibt sich großartig: »In eurem Namen, Mütter, die ihr thront im Grenzenlosen, ewig einsam wohnt, und doch gesellig! Euer Haupt umschweben des Lebens Bilder, regsam, ohne Leben. Was einmal war in allem Glanz und Schein, es regt sich dort; denn es will ewig sein. Und ihr verteilt es, allgewaltige Mächte, zum Zelt des Tages, zum Gewölb der Nächte.«

Wir können nun versuchen, uns einige aus der Säuglingsforschung und dem psychoanalytischen Erfahrungsschatz stammende, nüchtern-theoretische Überlegungen zum Verständnis der frühen Eltern-Kind-Triade zu machen.

Perspektiven psychoanalytischer Entwicklungspsychologie

Triebe kennen ihr Ziel. »Ein Trieb kann nie Objekt des Bewußtseins werden, nur die Vorstellung, die ihn repräsentiert. Er kann aber auch im Unbewußten nicht anders als durch die Vorstellung repräsentiert sein« (Freud 1913a, S. 275). *Urphantasmen* sind das erfahrbare intrapsychische Äquivalent von Trieben, dürften angeboren und damit spätestens vom 1. Lebenstag ab existent sein. Möglicherweise bestehen angeborene Hülsen sozialer Interaktion, welche alle Interaktionen mit dem realen Objekt färben und beeinflussen, so etwas wie primäre Beziehungsgerüste darstellen, die es überhaupt erst möglich machen, daß, nach Füllung der Hülsen mit Realerfahrungen und den damit verknüpften Transformationen, Interaktionsrepräsentanzen entstehen können. Das primäre Begehren ist das einer fusionären Einheit zwischen Triebquelle und Triebziel, zwischen Subjekt und Objekt (bzw. Subjekt und halluziniertem Objekt, bzw. Subjekt und Substitut für das halluzinierte Objekt).

Die Bühne der Imagination entwickelt sich auf dem Boden der primitiven Halluzination, die sich infolge eines unbefriedigten Bedürfnisses bildet. Die Repräsentanz des nicht vorhandenen Objekts, das heißt die Reproduktion einer Perzeption, wird aufgerufen. Durch solche Bewegungen innerhalb des Imaginativen konstituiert sich im Erleben sowohl das Subjekt als Quelle als auch das Objekt als Ziel des Triebes. Denn das Verlangen oder Begehren erfüllt sich in Wirklichkeit mittels des anderen. Ist ein reales Objekt da, so ist die Repräsentanz, da nicht mehr »besetzt«, wie weg und umgekehrt. Der erste kreative Akt im Intrapsychischen kreist somit um das Fehlende. Jegliches reale Objekt wird zu einem Substitut der Urhalluzination, der es nie wirklich und vollständig entsprechen kann. Die Wahrnehmungen substitutiver Objekte gerinnen im Verlauf der Entwicklung prototypisch zu *Objektrepräsentanzen.*

Säuglinge schaffen die Objekte ihrer Bedürfnisbefriedigung mittels *Halluzination.* Die Grundbedürfnisse nach optischer, akustischer, aber auch taktiler Stimulation sowie nach Nahrungsaufnahme, Wärme, Schutz und Regulierung haben einen zyklischen Verlauf. Sie zeigen sich in Erregung, Begehren, Verlangen oder Wunsch und sind zentrifugal. Die primäre Pflegeperson ist ein Mensch, der Befriedigung und Stillung dieses Verlangens bieten kann. Es ist, als ob sich bei einer Begegnung zwischen den Bedürfnissen des Säuglings und den Aktivitäten der primären Pflegeperson zwei Linien aus entgegengesetzten Richtungen einander näherten, meinte *Winnicott.* »Wenn sie sich schneiden, entsteht ein Augenblick der Illusion, ein Stückchen Erfahrung, das der Säugling entweder als seine eigene Halluzination oder als ein Ding nehmen kann, das zur äußeren Realität gehört« (1958, S. 68). Wenn der Säugling erregt und bereit ist, das Ziel seines Begehrens zu halluzinieren, so tritt dieses von außen her gleichsam in Erscheinung. Er kann somit das Gefühl bekommen, er habe das Gewünschte, Ersehnte, herbeigezaubert. Seine Vorstellungen werden also durch Wahrnehmungen (Gesehenes, Getastetes, Gerochenes) bereichert. Dieses Material wird bei der nächsten Halluzination von neuem benutzt. Der Säugling baut sich auf diese Weise die Fähigkeit auf, »das heraufzubeschwören, was tatsächlich verfügbar ist« (S. 68). Das Objekt verhält sich gleichsam so, als ob es magischen Gesetzen unterläge. Wenn der Säugling halluziniert und die Welt sich ihm entsprechend darbietet, so macht er die Erfahrung, daß »er beides (den Wunsch und das Perzept, D. B.) für identisch hält … Damit diese Illusion im Sinnesleben des Säuglings erzeugt werden kann, muß sich ein Mensch ständig die Mühe machen, dem Baby die Welt in verstehbarer Form und eben der eingeschränkten Weise, die seinen Bedürfnissen entspricht, nahezubringen« (S. 70). Der Säugling schafft aus seinem Bedürfnis heraus das Objekt immer aufs neue und entwickelt daraus eine innere Repräsentanz. Die Mutter stellt sich mit ihren Möglichkeiten der Bedürfnisbefriedigung gerade dort bereit, wo der Säugling sie zu erschaffen willens ist, und noch dazu im richtigen Augenblick. Es handelt sich um einen Zwischenbereich zwischen »primärer Kreativität und objektiver, auf Realitätsprüfung beruhender Wahrnehmung« (S. 306). »Psychologisch gesehen trinkt der Säugling an einer Brust, die Teil seiner Selbst ist, und die Mutter stillt ein Kind, das ein Teil von ihr ist« (S. 308). »Das kleine Kind erschafft das Objekt, aber das Objekt war bereits vorher da« und konnte somit gefunden, geschaffen und schließlich libidinös besetzt werden (Winnicott 1971, S. 104). Es handelt sich um eine lebenslängliche menschliche Aufgabe, innere und äußere Realität getrennt und dennoch miteinander verknüpft zu halten.

»Vom Augenblick der Geburt an muß der Säugling mit dem Ansturm der Realität fertig werden … Die *Phantasie* ist nicht nur eine Flucht aus der Wirklichkeit, sondern eine ständige und unvermeidbare Begleiterin realer Erfahrungen, mit denen sie in dauernder Wechselwirkung steht« (Winnicott 1976, S. 43). »Wenn unbewußte Phantasien die Wirklichkeitswahrnehmung und Wirklichkeitsdeutung einerseits ständig beeinflussen und verändern, so ist es andererseits genau umgekehrt: Die Realität wirkt auch auf die unbewußte Phantasie ein« (S. 239).

Es ist denkbar, daß wir dem Säugling projektiv retrograd Phantasmen zusprechen. Dennoch läßt sich ein deutlicher Zusammenhang beobachten zwischen dem Verhalten eines Kleinkindes, seinen erschlossenen Phantasien, die nach dem Erreichen der Spiel- und Sprachstufe deutlicheren Ausdruck finden, und dem analytischen Prozeß, der sich in einem therapeutischen Kontext entfaltet. Auch in der Sicht von *M. Klein* (1932) sind unbewußte Phantasien allgegenwärtig und jederzeit im Seelenleben eines Individuums aktiv. »Da Triebe von Geburt an wirksam sind, darf auch von Geburt an ein noch ungefüges Phantasieleben vermutet werden« (Segal 1974, S. 29). Entsprechend *Bion* (1990, 1992) treten Erfahrungselemente und emotionale Eigenschaften vor ihrer sprachlichen Festigung irgendwann in einer mehr oder weniger festen Verbindung auf und bilden Einheiten. Solche Einheiten werden später mit Namen belegt. Durch bestimmte »ausgewählte Tatsachen«, die Harmonie unter diesen Einheiten schaffen, werden sie miteinander verbunden. Angeborene Präkonzeptionen als phylogenetische Schemata stehen dem Säugling von Anbeginn an zur Verfügung, um die Welt zu verstehen. Sie warten gleichsam auf und paaren sich mit geeigneten Realisierungen. Dadurch wandeln sie sich (wie durch eine Art Befruchtung) zu Konzeptionen, die etwas Neues repräsentieren. Im Laufe fortwährender Intergrations- und Desintegrationsbewegungen bekommen solche Konzeptionen später erneut den Status von Präkonzeptionen, die sich von neuem mit Realisierungen zu frischen Konzeptionen verbinden. Es kann eine Ergänzungsreihe gebildet werden, die von den Beta-Elementen ausgeht und über Alpha-Elemente, Präkonzeptionen, Konzeptionen, Konzepte bis hin zu Theorien und deduktiven Systemen reicht. Die reaktive Antwort des realen äußeren Objekts, insbesondere die sogenannte Reverie der Mutter, hat mit der zu Beginn fast vollständigen Anpassung an die Bedürfnisse des Kindes eine bedeutungsvolle, transformative Kraft. Denn das Kind nimmt auf diese Weise einen Unterschied wahr zwischen dem, was von ihm selbst triebhaft und emotional ausgeht, und dem, was leicht transformiert und bereichert zurückkommt (Haag 1993). Die reale Mutter oder primäre Pflegeperson umgibt das Kind mit ihrer Reverie, verleiht dessen Handlungen, Äußerungen und Aktivitäten einen speziellen Sinn, metabolisiert gleichsam die primären Triebrepräsentanzen des Säuglings, nimmt das Baby mitsamt seinem Körper wahr, besetzt es, so daß das Baby diese mütterlichen Vorgänge – mittels Introjektion – schließlich in seine eigene Psyche aufnimmt, sie als Teile der Repräsentanz des mütterlichen Objektes in sich bewahrt.

Die Funktionen der Phantasie sind mannigfaltig. Mit Hilfe der Phantasie kann ein Begehren eine Zeitlang wachgehalten werden, bis eine Befriedigung in der äußeren Realität möglich wird. Gelingt dies nicht, so kommt es zu einer motorischen Triebentladung. Die Phantasie erfüllt im frühkindlichen Seelenleben einige Funktionen, die später das Denken übernimmt. »Die Fülle, Tiefe und Genauigkeit des menschlichen Denkens hängt von der Qualität und Geschmeidigkeit des unbewußten Phantasielebens und der Fähigkeit, dieses einer Realitätsprüfung zu unterziehen, ab« (Segal 1974, S. 41).

Das Nichtvorhandensein der primären Pflegeperson bewirkt ihre Halluzination. Die Repräsentanz entsteht aus dem Fehlen des Objektes. Die sowohl aufgrund der Absenz des realen bedeutungsvollen Gegenübers als auch aus innerer Notwendigkeit geschaffene Repräsentanz steht stets für etwas, nimmt die Stelle von etwas ein.

In tri- oder polyadischen Beziehungen entwickelte Phantasien erstrecken sich regressiv auch auf die Dyade. Unbewußte Phantasien werden vorbewußt sekundär ausgearbeitet. Eine Integration durch den Sekundärprozeß ist allerdings erst dann möglich, wenn die Sphinkterkontrolle erfolgt ist, da erst dann nicht mehr ein ungehinderter Ausfluß von innen nach außen erfolgt, sondern eine Nötigung vorhanden ist, den Wortkanal zu wählen. Auf der genitalen Ebene entspricht die Triebrichtung schließlich einem Penetrationswunsch (mit omnipotentem »Phallus«), dem eine Umhüllung beziehungsweise die Vorstellung einer Öffnung im Körper der Mutter (Vagina) implizit parallel läuft.

Strukturell sind Phantasien szenische Interaktionsrepräsentanzen, die eine affektive Verbindung zwischern dem Subjekt und dem Objekt (z. B. die gegenseitigen Erwartungen und Wünsche) mit umfassen. In ihnen sind Anteile von erlebten, projizierten, introjizierten oder antizipatorisch befürchteten Ablaufsequenzen innerseelischen Erlebens in mehr oder weniger detaillierter oder übergreifender Art enthalten. Sie enthalten Teile aus den unterschiedlichsten Entwicklungsphasen und sind oft geschickt zu einem Ganzen kondensiert. Wahrnehmung mischt sich mit Elementen nicht bewußter oder vorbewußter Phantasiesaktivität, vor allem bei der Bedeutungszuschreibung. Dies kann von dem einen Extrem, der völligen Verleugnung eines Perzeptes, bis zum andern, der totalen Auslöschung innerpsychischer Eigenaktivitäten gehen. Wo eine kognitive Orientierung fehlt, werden die Lücken durch Phantasieaktivitäten ausgefüllt. Daraus sich zusammenfügende Phantasieketten bilden schließlich das Gerüst infantiler Theorien über existentielle Phänomene wie Geburt, Sexualität oder Tod.

Die Belebung der Gegenüber

Wie merkt ein Säugling, daß andere Personen nicht nur physisch, sondern auch psychisch existieren, eine eigene Subjektivität besitzen? Die Triebimpulse setzen in einem vorbestehenden Denkapparat das Denken in Gang, das gleichzeitig auch emotional besetzt wird. Die Affekte werden in der Mutter-Kind-Interaktion kommuniziert und rufen beim Gegenüber ähnliche oder andere Affekte hervor (Hochmann 1993). Die unaufhörliche und unaufhaltsame Aktivität des Denkens liefert eine Basis für das Gefühl einer Kontinuität des Existierens. Wurden in den ersten Monaten verschiedenste Erfahrungen zwecks Sicherung der sozialen Interaktion zueinander in Beziehung gesetzt und eine Integration von Erlebnissen erzielt (»auftauchendes Selbst«, Stern 1992), so wird bis etwa zum 6. Monat eine spezifische interpersonelle Bezogenheit zum andern mit einem aktiven Gefühl erster Gemeinsamkeit aufgebaut. Der Säugling erfährt sich als Urheber eigener Handlungen, erlebt Selbstkohärenz bezüglich Körper, Ort, Zeit und Formen, empfindet eigene Affekte und ist von einem Gefühl fortwährenden Seins getragen, das vom Gedächtnis gespiesen wird (»Kern-Selbst«, Stern 1992). Dieses Stadium ermöglicht ihm, das Gegenüber als ein eigenständiges Wesen anzuerkennen und Beziehungserfahrungen zu speichern. Aus diesen werden durch Kondensation generalisierte Prototypen extrahiert. Solche Interaktionsrepräsentanzen sind Abstraktionen, die nie genau so geschehen sind, sie werden anhaltend reorganisiert und umfassen die Erfahrung, daß das Gegenüber das eigene Selbstempfinden mitreguliert. Werden sie aktiviert, so wird neben einem bestimmten Selbstempfindungszustand auch ein spezifisches virtuelles Gegenüber heraufbeschworen und möglicherweise auf die Umgebung projiziert.

Bereits im 1. Lebensjahr bildet sich das Kind eine Metatheorie über die Denk- und Gefühlsabläufe der Mutter. In der 2. Hälfte des ersten Lebensjahres beginnt das kleine Kind, sich eine Vorstellung vom Innenleben der verschiedenen Gegenüber zu machen, die zunehmend als vom Selbst getrennte Individuen wahrgenommen werden. Die real vorhandenen Personen werden als Gegenüber im Verlauf der Entwicklung nicht nur physisch wahrgenommen, sondern auch seelisch mit einem Innenleben belegt. Lebendig und belebt ist dasjenige Agens, das im Dialog eine emotionale Antwort gibt (Spitz 1963). Das »subjektive Selbst« beginnt sich dann (etwa zwischen dem 6. und dem 18. Monat) zu manifestieren, wenn der Säugling entdeckt, daß er ein eigenes Seelenleben besitzt und diese Tatsache auch auf andere Personen zutrifft. Gemeinsames subjektives Erleben schafft Intersubjektivität, es besteht ein Intermediärraum geteilter Bedeutungen, obwohl es gleichzeitig auch eindeutig ist, daß sich die Gefühle und Absichten der anderen Personen von den eigenen unterscheiden. Diejenige Beziehungsform, bei der sich ein Baby den Erwachsenen mit-teilt, aber noch keine Kommunikation über etwas Drittes besteht, wird als »primäre Intersubjektivität« bezeichnet. Erst, wenn es dem Subjekt gelingt, im anderen, der nicht das begehrte Objekt ist, dessen Wünsche aber seinem eigenen Begehren gleichen, sich wie in einem lebendigen Spiegel wiederzufinden, kann es nichtfusionär imitieren und vergleichen. Bei der »sekundären Intersubjektivität« werden von beiden oder mehreren Beziehungspartnern Informationen über etwas Drittes ausgetauscht (Trevarthen u. Hubley 1979). Mittels Intersubjektivität und symbolischen Denkens übernimmt das Kleinkind identifikatorisch unbewußte Phantasien und intergenerationelle Vermächtnisse (Lebovici 1993). Innerhalb der Aufbauprozesse der Selbst- und Objektrepräsentanzen und insbesondere bei der *Entstehung der Intersubjektivität* haben die Imitation, die Erkundung im Sozialbezug (social referencing) und die »Affektabstimmung« (affect attunement) eine besondere Bedeutung (Bürgin 1997).

Imitation übernimmt wichtige Funktionen in der sozialen Kontaktaufnahme. Sie dient der Identifizierung des Gegenübers. Das Baby und das Kleinkind gebrauchen sie zur Wiedererkennung und zur Kommunikation mit den relevanten Personen der Außenwelt. Sie klären damit, ob es sich um eine Wiederbegegnung mit einer bekannten Person handelt oder um einen Kontakt zu einem Fremden (Meltzoff et al. 1994). Leblose Gegenstände werden vor allem durch Manipulationen erkannt, Menschen hingegen lernt man durch Austauschvorgänge, durch Interaktionen und durch ihr spezifisches Verhalten kennen. Das Wiederaufnehmen einer gleichen Handlung mit einem Gegenüber kommt somit einer Art Testung der Identität des anderen gleich. Wechselt die Bezugsperson sehr schnell und andauernd ihr Verhalten, so wird die Imitationstätigkeit abgedämpft, die entsprechende Motivation sinkt ab und das Baby wird genötigt, verschiedenste Hypothesen über die Spezifität des Gegenübers und seine Verhaltensspiele aufzubauen.

Die *Erkundung im Sozialbezug* (Emde 1988b) ist ein emotionaler Prozeß, bei dem eine Person irgendwelchen Alters emotionale Information von einem bedeutungsvollen anderen sucht, um eine Gegebenheit zu verstehen, die unklar oder vieldeutig ist und die über dem eigenen Klärungsvermögen liegt. Es besteht eine Situation der Unsicherheit, die durch die eingeholte emotionale Information von signifikanten anderen verringert werden soll. Je mehr Internalisierungen und Identifikationen stattfinden, desto mehr wird ein Teil dieser Erkundungen im Sozialbezug auch in den Innenraum des Kindes, in die inneren phantasmatischen Dia- und Trialoge, verlegt. Die Selbstrepräsentanz orientiert sich in Unsicherheitssituationen am Über-Ich – ein lebenslanger Vorgang.

Für das, was den Objektrepräsentanzen als Eigenleben zugesprochen wird, kommt der *Affektabstimmung* eine besondere Bedeutung zu (Stern 1984). Die affektive Einstimmung bezeichnet ein Geschehen, das einen gemeinsam erlebten Gefühlszustand reflektiert, aber nicht mit einer identischen Wiedergabe des inneren Zustands des einen durch den anderen Partner. Die affektive Einstimmung kann als eine besondere Form der Intersubjektivität (Trevarthan 1980), nämlich als Interaffektivität beschrieben werden. Die meisten Affektabstimmungen der primären Beziehungspersonen erfolgen in einer anderen sensorischen Modalität als der vom Kind gewählten. Hauptmotiv ist der Wunsch nach einer interpersonalen Gemeinsamkeit. Gemeinsam Geteiltes treibt die Entwicklung voran, reines Spiegeln ist etwas Totes. Die transmodale Umformung des Gefühlsausdruckes des Kindes durch die Mutter gibt dem Kind ein Gefühl des emotionalen Wahrgenommenwerdens durch den anderen. Der Prozeß der affektiven Einstimmung erfolgt weitgehend nicht bewußt. Säuglinge und Kleinkinder reagieren gereizt auf eine Störung solcher Gemeinsamkeit, die die Einsicht unabweisbar macht, daß es unterschiedliche Absichten, Wünsche und Bedüfnisse gibt.

Zur Belebung des Gegenübers gehören zum Beispiel auch folgende Entwicklungsschritte:

- der *emotionale Austausch über den Blick*: Schaut der Säugling einen Menschen an, so wird er zumeist auch angeschaut. Was erblickt er? Ein Gegenüber, das ihn anblickt! Die Geburt des Selbst, eine erste Besetzung einer Kernselbstrepräsentanz, erfolgt in Anlehnung an und durch Identifikation mit einem oder mehreren Gegenüber, die den Säugling wahrnehmen und »besetzen«, sich also liebend auf ihn einstellen, ihm einen inneren Platz für Entwicklung zur Verfügung stellen können. Spätestens beim blickerwidernden Lächeln um den dritten Monat herum, zumeist aber viel früher, sind diese Vorgänge zu beobachten.
- die *Interintentionalität* (gewiß ab dem 6. Lebensmonat, meist auch früher): Läuft die tendenzielle Absicht eines Säuglings mit der seines Gegenübers parallel, so entsteht ein klares

Glücksgefühl, wenn sich das Wollen beider in der Bewegung auf ein gemeinsames Ziel hin trifft.

- die *auf einen gemeinsamen Fokus ausgerichtete Aufmerksamkeit*: 9 bis 12 Monate alte Kinder sind imstande, die Aufmerksamkeit von Erwachsenen durch Gesten, die eine Absicht kundtun (vor allem das auf etwas Zeigen), klar auf einen Punkt gemeinsamen Interesses zu lenken (Bretherton 1991).
- *Aufbau eines vollständigen und ganzheitlichen Modellbildes eines belebten Gegenübers* (etwa zwischen dem 18. und dem 48. Monat): Bei der zunehmenden Integration von Gleichem, Ähnlichem und Unterschiedlichem braucht es viel individuelles Ausbalancieren dessen, wieviel gleich oder unterschiedlich sein darf und soll, und zwar ebenso im quantitativen als auch im qualitativen Sinn. Je mehr Intersubjektivität besteht, desto mehr gibt es auch an gemeinsam geteilter Welt. Den Objekten wird zwar eine eigene Innenwelt zuerkannt; sie ist aber der des eigenen Selbst noch sehr ähnlich. Das Kind ist genötigt, sich eine »theory of mind« (Frye u. Moore 1991) seiner Gegenüber zu machen. Diese ist zuerst als eine Art symmetrisches Gebilde, eine Art emotionales Spiegelbild der eigenen Innenwelt angelegt. Wenn wahrgenommen werden kann, daß die Gegenüber unabhängige seelische Wesenheiten sind, inkongruent mit dem eigenen Selbst, so entstehen Frustration, Angst und ein Gefühl des Alleinseins.

Zuerst entwickeln sich wahrscheinlich mehrere dyadische Beziehungsrepräsentanzen nebeneinander, die nur locker miteinander verbunden sind. Ihre Integration im Verlauf der zweiten Hälfte des ersten und vor allem während des zweiten Lebensjahres bewirkt die Ausgestaltung einer neuen intrapsychischen Struktur, die triadischen Charakter hat und symbolisch repräsentiert werden kann. Die Möglichkeit einer präödipalen Identifikation mit dem Dritten bietet eine Art Sicherheit gegen das Zurückfallen in die fusionär-dyadische Beziehung mit dem Zweiten. Die dritte Person stört und befreit zugleich.

Die *Symbolisierung* ist eine wichtige, mit der Nachahmung verbundene, sich allmählich entwickelnde Eigenschaft. Die Symbolfunktion als diejenige Fähigkeit, die es erlaubt, zwischen einem Zeichen (= Symbol) und einem Bezeichneten zu unterscheiden, scheint nach *Piaget* (1945) ursprünglicher als die Sprache zu sein, denn konventionelle Sprachelemente setzen die Fähigkeit zum Symbolgebrauch voraus. Das Symbol als ein spezifisches, immer aus zwei gegensätzlichen Entitäten zusammengesetztes semiotisches Zeichen, trennt und überbrückt zugleich und hilft, Abwesendes zu repräsentieren. Symbol und Symbolisiertes können einander ähnlich oder – wie bei der Sprache – überhaupt nicht ähnlich sein. *Segal* (1957) nahm mit dem Begriff der »symbolischen Gleichsetzung«, bei der das Bezeichnete als nicht unterschiedlich vom Zeichen erlebt wird, eine klare Abgrenzung zur »symbolischen Repräsentation« vor, die einem Zustand zugeordnet wird, bei dem die Repräsentanzen des Selbst und der Objekte bereits eine Trennung erfahren haben. Das Vorgeben oder Tun-als-Ob (pretend) ist experimentell sicher vom etwa 18. Monat ab nachweisbar (Harris u. Kavanaugh 1993). Es ist ein wesentliches Charakteristikum der Symbolfunktion. Dabei wird auf etwas Abwesendes angespielt. Ein gemeinsames Als-ob stellt die Voraussetzung für das spätere Rollenspiel dar.

Drei- und Vielsamkeiten

Einfache Repräsentanzen von verschiedenen Objekten werden, wie ausgeführt, bereits in der ersten Hälfte des ersten Lebensjahrs gebildet. Aber erst wenn das Gegenüber mit einer Innenwelt von der gleichen Art wie die eigene ausgestattet werden kann, ist das Kleinkind imstande, sich vorzustellen, daß auch seine Gegenüber Beziehungen zu verschiedenen Objekten und damit auch untereinander haben können. Jetzt erst läßt sich das Dreieck einer präödipalen Dreisamkeit (bzw. das Vieleck der präödipalen Vielsamkeit) schließen. Vielsamkeiten haben wegen ihrer Komplexität eine Tendenz, zu Drei- oder Zweisamkeiten zu zerfallen, und diese dekompensieren unter regressivem Sog leicht wieder zu Zwei-plus-eins-Beziehungen.

Das primäre Modell über den Aufbau von Repräsentanzen ist das einer Dreisamkeit: Selbstrepräsentanz, Objektrepräsentanz 1 (meist die Mutter) und Objektrepräsentanz 2 (meist der Vater), das durch entsprechende Besetzungen leicht in 3 Zweisamkeiten (Dyaden) zerfällt, die wiederum mehr oder weniger asymmetrisch sind (und bis zum Gefühl der Monade gehen können). Die phantasmatischen Interaktionen mit der positiv besetzten Repräsentanz des Primärobjekts sind lustvoll und streben nach Wiederholung. Die mit der negativ besetzten sind unlustvoll und tendieren nach Vermeidung. Bereits die aufgrund der Erlebniszuordnungen unumgängliche Aufgliederung der Repräsentanz der primären Betreuungsperson in eine »gute« und »böse« wird zur Geburtsstunde des Dritten, dem der eine oder andere der Spaltungsteile zugesprochen wird. Dem Vater kommt zumeist die Stellung der zweiten Objektrepräsentanz zu. Wenn der Vater daher in das Leben des Kindes eintritt, übernimmt er oft Gefühle, die das Kind bereits gegenüber bestimmten Eigenschaften der Mutter empfunden hat. Zwischen Mutter- und Vaterrepräsentanz besteht somit oft, entsprechend der Intensität der gemeinsamen Interaktionen, eine fundamentale Asymmetrie. Da »der Vater« so oder so in der inneren Welt der Mutter, entweder als Muttersvater oder als Schwängerer, existiert, ist er als Dritter und Teil der mütterlichen Beziehung zum Kind immer präsent. Die Vater-Kind-Beziehung ist somit unausweichlich mit der Mutter-Kind-Beziehung verbunden. In der Sprache von Melanie Klein könnte man sagen, daß der frühe Vater das Äquivalent der Repräsentanz eines Teilobjekts von der Mutter im Kind (oder umgekehrt) darstellt.

Die dritte Person, zum Beispiel der reale Vater, stabilisiert als Vermittler die Aufgliederung und Getrenntheit der Objektrepräsentanzen in der Innenwelt des Kleinkindes und wird damit zum Garanten eines wie dazwischen geschobenen Symbolsystems. Sie garantiert den Schutz vor einem Versinken in einer fusionären Beziehung und schafft als drittes Element somit die notwendige Distanz der Selbstrepräsentanz zur Repräsentanz des hochbesetzten Primärobjekts. Später wird die dritte Person zum Schöpfer des Verneinungssymbols, das zur ersten Abstraktion des Kindes in Geste und Wort hinführt. Der Dritte, also die zweite Objektrepräsentanz, trennt das Kind machtvoll und für immer vom Baum des Lebens ab, das heißt zumeist von der mütterlichen Allmacht. Er ist auf diese Art sowohl Garant und Vermittler, Held und Befreier, Wegbereiter und Vorbild als auch Verbietender und derjenige, der den Verzicht auf den Wunsch nach Allmacht fordert. Die reifungs- und entwicklungsmäßig sich einstellende Getrenntheit zwischen Selbst- und Objektrepräsentanz wird ertragen, weil es immer wieder zu lustvollen, kurzfusionären Wiedervereinigungen kommt. Der Schlaf dürfte hierbei als regelmäßiges, physiologisch-erzwungenes, trennungsartiges Ereignis ein gutes Übungsfeld sein. Wo es erlebnismäßig Trennung zwischen dem Selbst und den Objekten gibt, dort entstehen auch Übergangsräume und -phänomene wie das Spiel, die Vorgeblichkeit im Sinne des Als-ob-Tuns und des Gebrauchens eines Objekts (use); aber auch des Ausrichtens (pointing), des Einwirkens, des Aufnötigens, des Zwingens, des Übergriffes oder des Traumas. Wo keine spontane Geste mehr möglich ist, bildet sich ein falsches Selbst als Anpassungsstruktur aus.

Bei der Ausgestaltung von drei unterschiedlichen Entitäten entsteht zumeist eine Art von asymmetrischer Triangularität, die durch eine Besetzungsverlagerung sehr leicht in eine 2-plus-1-Beziehung kippt. In der Position des Dritten kann ich mich sehr unterschiedlich wahrnehmen, zum Beispiel ausgeschlossen (beziehungsamputiert), die Gefühlsbeziehung der anderen beiden wahrnehmend (beobachtend), als umstrittener Bundesgenosse (passiv machtgenießend), die Erwachsenen zusammenhaltend (beziehungsstiftend). Triadisch organisierte Repräsentanzen werden also einerseits durch die Wahrnehmung der anderen und ihrer Gefühle, Gedanken, Bedürfnisse und Absichten, aber auch durch weitere Ausgestaltung der Dreisamkeiten auf der Bühne der Phantasmen in der eigenen Innenwelt ausgeformt. Verschiedene tri- oder polyadische Beziehungsformen unterschiedlicher Bedeutung und Gewichtung überlagern sich im Verlauf der Entwicklung zunehmend. Das dritte Element kann schließlich sogar in symbolisierter Form auftreten (»Das« statt »der« oder »die« Dritte). Der Fokus der Aufmerksamkeit wechselt, wie zwischen Form und Hintergrund, schon früh in der Entwicklung zwischen mehreren derartigen Figurationen hin und her.

Der polyadisch angelegte Trieb teilt sich nach den ersten Begegnungen mit der Objektwelt also zumindest in drei Repräsentanzen auf und bildet damit die primäre, intrapsychisch repräsentierte Triade. Die intrapsychisch triangulär organisierten Repräsentanzen sind – als individuelle oder interindividuelle Figurationen – untereinander durch entsprechende Beziehungsrepräsentanzen verbunden. Diese unterliegen, wie bereits dargestellt, im Verlauf der Entwicklung massiven Veränderungen und tragen auf jeder Ebene zur Ausgestaltung von Szenarien, Skripts, Phantasmen, Erinnerungen und so weiter bei. Sie können an spezifische Aufgaben oder Kontexte gebunden sein, gestalten die Beziehungen zu den realen äußeren Objekten mit, werden durch die Beziehungen zu den äußeren Objekten, mit Hilfe der Mechanismen der Imitation und der Identifikation, selbst aber auch wieder modifiziert und weiter ausgestaltet.

Daß sich anfänglich eine bevorzugte Dyade ausbildet, entspringt nicht der Unfähigkeit des Babys zu triangulären Beziehungen, sondern hängt damit zusammen, daß im allgemeinen ein spezifisches äußeres Gegenüber die hauptsächlichsten und kontinuierlichen Pflege-, Ernährungs- und Beziehungsaufgaben übernimmt, das andere erst danach in dessen Fußstapfen tritt. Die von Anfang an bestehende triadische Beziehung wird somit zuerst oft asymmetrisch entwickelt.

Das Verhalten der Realobjekte, insbesondere deren Fähigkeit, eigene innere Triaden auszubalancieren, ist für das Kleinkind relevant wegen der identifikatorischen Übernahme der elterlichen Fähigkeit, eine Balance aufrechtzuerhalten, das heißt wegen ihres mehr oder weniger großen Vermögens, ein verlorenes Gleichgewicht von Intersubjektivität, Interaffektivität und Interintentionalität stets wieder zu restaurieren oder ein solches überhaupt erstmals aufzubauen. Das triadische Beziehungsmuster wird vom Säugling selbst aktiv entwickelt. Es entwickelt sich in wechselndem Ausmaß asymmetrisch, wobei »der Vater, als spezifisches Liebesobjekt, schon im ersten Lebensjahr als strukturierendes drittes Objekt, neben der Mutter und dem Kind, eine eigenständige Bedeutung bekommt« (Rotmann 1980).

Die triadische Beziehung zwischen Kind, Mutter und Vater ist in der Innenwelt des Kindes somit von Anfang an potentiell vorhanden; im Kontakt mit den Realpersonen wird sie spezifisch ausgefüllt und, im Verlaufe der Trennungsprozesse der Selbst- von den Objektrepräsentanzen, erst allmählich belebt. Das Anderssein des dritten (oft des Vaters) im Vergleich zum zweiten (oft der Mutter) ist interessant, denn das dritte demonstriert etwas Eigenständiges in der Beziehung zur zweiten Person und befindet sich nicht in derselben Abhängigkeit von ihr wie das Kleinkind. Wird die präödipale Dreisamkeit, nach dem Erreichen der verbalen Phase und weiteren Entwicklungsschritten, mit den Triebimpulsen der infantilen Sexualität aufgeladen, so bildet sich die komplexere Form der ödipalen Dreisamkeit. Die Arrangements in der Latenz konsolidieren sich später zur postödipalen Triade, die über lange Jahre in ihrer Grundkonfiguration recht konstant bleibt. In der Adoleszenz allerdings lädt sie sich mit adulten sexuellen Impulsen auf und bedarf nun auch einer Umarbeitung, nämlich sowohl der Veränderung der Beziehungen zu den primären Bezugspersonen als auch des Ersatzes dieser Positionen durch Gleichaltrige. Damit entsteht die adoleszente und postadoleszente, das heißt adulte Dreisamkeit, die das darwinistische beziehungsweise entwicklungsbiologische Ziel einer nicht inzestuösen Prokreativität zu erreichen ermöglicht.

Heidi Simoni

Von der Prä- zur Postnatalzeit – Psychotherapeutische Begleitung im Übergang zur Elternschaft*

Die therapeutische Begleitung im Übergang zur Elternschaft, wie sie im folgenden beschrieben und diskutiert wird, bedeutet eine Unterstützung bei der Geburt der Familie. Es wird Geburtshilfe geleistet bei intra- und interpsychischen Prozessen, die, zwar individuell verschieden, doch regelmäßig mit der Geburt eines Kindes und dem Übergang zur Elternschaft verbunden sind (Bürgin, im Druck). »Familie« ist dabei nur insofern im Sinne eines soziologischen Begriffs gemeint, als Vorstellungen, Phantasien und Erleben mit der Übernahme von Rollen und deren Reflexion und der realen Ausgestaltung des Alltags interagieren. Mit einer psychotherapeutischen Begleitung in der Prä- und Postnatalzeit soll in erster Linie die Geburt der Eltern und der neuen Familienbeziehungen unterstützt werden, damit das Kind, innerpsychisch und in seinen Beziehungen, den für seine Entwicklung notwendigen Spielraum erhalten kann. In diesem Sinn umspannt eine psychologische Geburtshilfe den Zeitraum von Schwangerschaft, Geburt und Säuglingszeit. Die relevanten Prozesse nehmen jedoch ihren Anfang schon vor Beginn der Schwangerschaft durch die Auseinandersetzung von Frauen und Männern mit Kinderwunsch und Elternschaft.

Die Inhalte dieses Beitrags sind im Spannungsfeld theoretischer Überlegungen, empirischer Forschung und klinischer Pra-

* Die diesem Artikel zugrundeliegende Forschung wird vom Schweizerischen Nationalfonds gefördert.

xis entstanden. Eltern, die im Rahmen eines mehrjährigen Forschungsschwerpunkts zur »frühen Kindesentwicklung und Familienbeziehungen« (von Klitzing et al. 1993 und 1996b) bereit gewesen sind, uns ihre Erfahrungen mitzuteilen, haben ebenso dazu beigetragen, wie Mütter und Väter, die im Übergang zur Elternschaft in einer Krisensituation professionelle Unterstützung gesucht haben. Die Ausführungen beziehen sich auf Eltern, die vor oder nach der Geburt ihres ersten Kindes stehen. Am Übergang zur Ersteltemschaft lassen sich einige charakteristische Prozesse besonders deutlich herausarbeiten, die aber natürlich auch bei der Geburt nachfolgender Kinder in veränderter Form inhaltlich brisant sein können.

Psychotherapie in der Prä- und Postnatalzeit?

Psychotherapeutische Interventionen, wie sie hier diskutiert werden, basieren in Theorie und Praxis auf psychoanalytischen und entwicklungspsychologischen Grundlagen, die sowohl die Eltern als auch das Kind betreffen. Sie bedürfen deshalb einer speziellen Erörterung, weil sie sowohl zur Behandlung als auch zur Prävention von seelischen Störungen die Dynamik eines speziellen Lebensabschnitts zu nutzen versuchen. Dem Übergang zur Elternschaft wird nicht nur in entwicklungspsychologischer Hinsicht (vgl. Gloger-Tippelt 1985), sondern auch für therapeutische und präventive Interventionen auf der individuellen und auf der Beziehungsebene eine qualitativ besondere Bedeutung zugeschrieben. Dies setzt voraus, daß erstens spezifische Merkmale und Prozesse für diese Zeit formuliert werden können, damit zweitens für Schwangerschaft und Säuglingszeit Risiken und Ressourcen für die seelische Gesundheit der Beteiligten formulier- und einschätzbar werden. Drittens sollen daraus Anknüpfungspunkte für die psychotherapeutische Begleitung abgeleitet werden können. Es liegt allerdings in der Natur der Sache, daß sich dabei Diagnostik und therapeutische Interventionen zwangsläufig bis zu einem gewissen Grad verschränken, weil bereits das Ansprechen und die Reflexion bestimmter

Inhalte (z. B. elterlicher Vorstellungen vom zukünftigen Kind) diese Prozesse verändern oder unterstützen können.

Während der Prä- und Postnatalzeit finden sehr grundlegende Entwicklungen statt, die Anpassungsleistungen auf biologischer, sozialer und psychischer Ebene erfordern. Dies gilt für das Kind in dessen Embryonal- und Säuglingszeit und ebenso für Mann und Frau in deren Übergang zur Elternschaft. Die Veränderungen in diesem Zeitraum laufen relativ rasch und verdichtet ab, was dazu führen kann, daß seelische Störungen gehäuft, eventuell überraschend und akut auftreten (Cox 1996). Ungünstige Entwicklungen der Eltern-Kind-Beziehung eskalieren zwar unter Umständen relativ rasch, sind jedoch quasi noch an der Wurzel zu greifen (Papoušek 1997). Korrigierende Impulse, aber auch Störungen, haben ein großes Potential an Auswirkungen, weshalb es unter Umständen wichtig sein kann, therapeutische Betreuung bei Bedarf unmittelbar und ohne zeitliche Verzögerung anzubieten.

Selbstverständlich bedarf es dabei eines möglichst weitreichenden Blicks, der entwicklungspsychologische Prozesse und psychopathologische Störungen über die Prä- und Postnatalzeit hinaus im Auge behält. Für längerfristige Entwicklungsperspektiven fehlen allerdings noch wichtige Elemente, um klinische sowie empirische Erkenntnisse inhaltlich und/oder zeitlich zu verknüpfen. Die Zusammenhänge zwischen Voraussetzungen, psychotherapeutischer/präventiver Intervention und späterer Gesundheit oder Störung werden mit zunehmendem Zeitintervall immer komplexer und vielschichtiger (van den Boom 1995; Fonagy 1996).

Für den psychotherapeutischen Zugang zum Übergang zur Elternschaft sind sowohl erleichternde als auch erschwerende Faktoren zu nennen. Professionelle Betreuung während der Prä- und Postnatalzeit wird von verschiedenen Fachdisziplinen (Geburtshelferinnen, Pädiater, Hebammen, Fachfrauen in Geburtsvorbereitungs-, Säuglingspflegekursen, Väter- und Mütterberatung etc.) übernommen und angeboten. Durch diese relativ strikte berufliche Aufteilung und Spezialisierung werden Merkmale des Übergangs und der Kontinuität verwischt, was eine darauf ausgerichtete Begleitung erschwert. Der therapeutische Zugang zur Familie selbst wird aber dadurch erleichtert, daß die stattfindenden inneren und äußeren Veränderungen von den werdenden Eltern oft deutlich erlebt oder zumindest relativ leicht dem Erleben zugänglich gemacht werden können. Was die zukünftigen oder frischgebackenen Väter betrifft, so erleben diese sich in der Tendenz psychisch und sozial eher offener als in anderen Lebensphasen (Simoni et al. 1996), was ihren Einbezug in den therapeutischen/präventiven Prozeß erleichtert.

Während der Prä- und Postnatalzeit laufen auf biologischer, sozialer und psychischer Ebene Entwicklungen ab, die vielfältig miteinander verwoben sind und eine hohe Anpassungsleistung von allen Beteiligten erfordern. Zu Schwangerschaft, Geburt und Säuglingszeit gehören freudige Erwartungen und Wünsche, aber manchmal auch archaische Ängste und heftige Gefühle. Psychotherapeutische Begleitung in diesem Zeitraum versucht die Dynamik des Übergangs selbst zu nutzen, um die erforderlichen Anpassungsprozesse zu unterstützen und um bei der Integration widersprüchlicher Aspekte behilflich zu sein.

Zur Spezifität und Unspezifität von Belastungen und Auswirkung

Aus Forschung und Praxis sind eine Reihe psychischer und sozialer Belastungsfaktoren bekannt, die eine gesunde Entwicklung von Kindern gefährden. Verschiedene Arbeitsgruppen kommen dabei zu sehr ähnlichen Resultaten, sowohl darüber, welches die wichtigsten Risikobereiche sind, als auch was deren Auswirkungen anbelangt. Folgende Variablen scheinen mit einem Entwicklungsrisiko verbunden zu sein: dürftige schulische und berufliche Ausbildung der Eltern, beengte Wohnverhältnisse, mangelnde soziale Integration und fehlende Unterstützung der Familie, aktuelle chronische Belastung, schwerwiegende anamnestische Belastungen in den Herkunftsfamilien der Eltern, adoleszente Eltern, eine gestörte oder erst sehr kurz dauernde Paarbeziehung, sowie psychische Erkrankungen bei einem

Elternteil (Rutter u. Quinton 1977; Laucht et al. 1992; Zeanah et al. 1997). Vieles deutet darauf hin, daß sich diese Risiken nicht in spezifischen Ursache-Wirkungs-Ketten manifestieren, sondern jedes mit einer Anzahl eher unspezifischer Alltagsbelastungen verbunden ist. Auch somatische Risiken oder Belastungen, die beim Vater, bei der Mutter oder beim Kind auftreten, werden unter anamnestischer oder aktueller chronischer Belastung mit erfaßt. Die resultierende Gesamtbelastung, also die Summe kumulierend belastender und kompensatorisch entlastender Faktoren, scheint entscheidend eine gestörte oder eben gesunde kindliche Entwicklung mitzubedingen (Zeanah et al. 1997).

Die genannten Risikobereiche erlauben eine Belastungseinschätzung im Sinne eines Gefährdungsscreenings (vgl. Family Adversity Index: Rutter u. Quinton 1977). Bei genauerer inhaltlicher Betrachtung legen sie jedoch auch die Vermutung nahe, daß, zusätzlich zum Gesamtausmaß der Belastung, Beeinträchtigungen der elterlichen Ressourcen im Umgang mit Belastungen oder Veränderungen eine nicht unwesentliche Rolle spielen. Ein Schlüssel zum inhaltlichen Verständnis und zur Verknüpfung von Voraussetzungen und Auswirkungen scheint deshalb weniger in der Benennung eines oder mehrerer Belastungsbereiche zu liegen, als vielmehr in der Analyse der elterlichen Möglichkeiten, den kindlichen Entwicklungs- und Beziehungsraum zu gestalten. Es ist deshalb wichtig, wesentliche Prozesse im Übergang zur Elternschaft und damit verbundene Anforderungen genauer zu untersuchen, um daraus spezifische Risiken für die frühe Elternschaft abzuleiten und Anhaltspunkte für Diagnostik und (präventive) Psychotherapie in der Prä- und Postnatalzeit zu gewinnen.

Eine doppelte Betrachtungsweise scheint für die präventive Unterstützung von gefährdeten Familien sinnvoll. Diese sollte einerseits das Ausmaß der generellen familiären Belastung und andererseits spezifische Beeinträchtigungen im Umgang mit den besonderen Anforderungen der frühen Elternschaft berücksichtigen. Obwohl gewisse Belastungen auf diese Weise redundant erfaßt werden, spricht dies nicht gegen das Vorgehen, weil es sich um sich ergänzende Perspektiven zur Einschätzung der Gefährdung handelt. So können beispielsweise eine psychische Erkrankung eines Elternteils, eine gestörte Paarbeziehung oder eine genetisch bedingte somatische Krankheit auf vielfältige Weise zur Gesamtbelastung der Familie beitragen, verändern jedoch auch die spezifischen Prozesse im Übergang zur Elternschaft, wirken sich auf die Beziehungsentwicklung in der Familie und damit auch auf die kindliche Entwicklung aus.

Merkmale der Prä- und Postnatalzeit: individuelle Ebene

Eine wichtige biographische Veränderung, wie sie die Geburt eines Kindes bedeutet, führt bei den Eltern zu Umgestaltungen ihrer intrapsychischen und interpersonalen Organisation (Bürgin 1993). Einerseits liegt in dieser Instabilität die Gefahr einer erhöhten Verletzlichkeit für psychische Erkrankungen, weil damit erhöhte Anforderungen an die physiologische und psychologische Anpassung und an die intrapsychische Verarbeitung verbunden sind. Beispielsweise ist das Risiko, an einer depressiven Störung zu erkranken, bereits in der Schwangerschaft, sowohl für Mütter als auch für Väter, erhöht (Areias et al. 1996; Cox et al. 1993; Kumar 1994). Andererseits umfassen diese Veränderungen eine Lockerung und Umgestaltung festgefügter Persönlichkeitsstrukturen mit der Chance für eine Weiterentwicklung (eventuell einengender) intrapsychischer Verarbeitungs- und interpersonaler Beziehungsmöglichkeiten. Die Erlebensweisen, Vorstellungen und Phantasien der Eltern, die in ihrer eigenen Lebensgeschichte und deren Verarbeitung entstanden sind, werden durch die neuen Erfahrungen verändert, was Offerman-Zuckerberg (1992) mit dem Begriff »Recycling des Unbewußten« beschreibt. Die Erhaltung des inneren Gleichgewichtes hängt wesentlich davon ab, wie stabil und gleichzeitig elastisch die psychischen Strukturen sind.

Merkmale der Prä- und Postnatalzeit: Beziehungsebene

Die Veränderungen auf der Beziehungsebene, die im Zusammenhang mit der Ersteltemschaft stattfinden, sind umfassend und einschneidend. Sie betreffen sowohl die Partnerschaft als auch die Beziehungsaufnahme zum Kind, ebenso wie die Herkunftsfamilien beider Eltern.

Transgenerationale Perspektive

In der Schwangerschaft und der frühen Säuglingszeit wird die eigene Herkunftsgeschichte reaktualisiert, und Aspekte davon werden ans Kind weitergegeben (van Ijzendoorn 1992). Es gibt jedoch auch Hinweise darauf, daß Kapitel aus der Geschichte der eigenen Kindheit im Übergang zur Elternschaft umgeschrieben werden und Interventionen in der frühen Elternschaft einen ungünstigen transgenerationalen Kreislauf zu unterbrechen vermögen (van Ijzendoorn et al. 1995). Einerseits tragen offenbar Kindheitserfahrungen und das Erleben der Eltern in ihren Rollen als Vater und Mutter in erheblichem Maße zur Gestaltung der eigenen Mutter- beziehungsweise Vaterschaft bei. Andererseits kann aber die veränderte Position in der Generationenfolge die Reflexion und Überarbeitung der eigenen Kindheitserfahrungen und Erlebnisse mit Vater und Mutter erleichtern.

Wenn positive und negative Aspekte der eigenen Kindheit und die damit verbundenen Erfahrungen als kohärente eigene Geschichte erlebt werden können, erleichtert dies die Gestaltung der Mutter- oder Vaterrolle sowie das Ertragen eventuell widersprüchlicher Gefühle gegenüber dem eigenen Kind.

Wurzeln der Eltern-Kind-Beziehung

Wenn Paare während der Schwangerschaft berichten, daß sie sich lieber gar keine Vorstellungen vom zukünftigen Kind machen (wollen), antizipieren sie wohl intuitiv mögliche Enttäuschungen ihrer Wünsche und Hoffnungen, die sich auf diesem Weg kaum werden verhindern lassen. Die Elternschaft und die Beziehungsaufnahme mit dem Kind nimmt in den Vorstellungen und Phantasien der Eltern ihren Anfang und wird von diesen zeitlebens mitgestaltet. Mit der Schwangerschaft beginnt ein lebenslanger Prozeß des Austausches zwischen dem (imaginären) »Kind im Kopf« der Eltern und dem realen Kind (Soulé 1982; Lebovici 1988). Oft können zu Beginn einer Schwangerschaft widersprüchliche Gefühle gegenüber dem zukünftigen Kind offener erlebt und zugelassen werden, als dies typischerweise gegen Ende der Schwangerschaft der Fall ist. Das Hören der Herztöne des Kindes, das Sehen seines Ultraschallbildes, das Spürbarwerden seiner Bewegungen im Mutterleib (Soulé 1990; Bürgin 1989, 1991) sind bedeutende Schlüsselerlebnisse. Sowohl die verbalisierbaren Vorstellungen der Mutter vom Kind als auch die plastischen Darstellungen vom Ungeborenen verändern sich im Verlauf der Schwangerschaft auf eindrückliche Weise (Schleske 1992). Dem ersten Spüren und Erleben, kurz, dem Kind im Bauch, kommt im Zusammenspiel vom »Kind im Kopf« und dem realen Kind offenbar eine ganz besondere Bedeutung zu, weil sich darin Elemente des realen Kindes und der eigenen Phantasien miteinander verweben. Obwohl die physische Geburt des Kindes nicht im Zentrum der psychologischen Geburtshilfe steht, können Phantasien rund um die Geburt, das Erleben der Geburt selbst und dessen Verarbeitung von der Therapeutin oder dem Therapeuten und den (werdenden) Eltern genutzt werden, da sie wichtige Aspekte des gesamten Prozesses und des elterlichen Beziehungsstils besonders deutlich sichtbar werden lassen (Toepfer 1997).

Das Erleben und Ertragen von widersprüchlichen Gefühlen sowie die Reichhaltigkeit der Vorstellungswelt können in einer psychotherapeutischen Begleitung während der Schwangerschaft und der Zeit rund um die Geburt unterstützt werden und später die Verarbeitung widersprüchlicher Gefühle gegenüber dem Kind erleichtern. Selbstverständlich spielen im gegenseitigen Anpassungsprozeß die individuellen realen Merkmale des

Kindes, wie seine körperliche Gesundheit, seine physiologische Irritierbarkeit, seine Lebhaftigkeit und so weiter eine nicht unwichtige Rolle (Papoušek 1996). Die Fähigkeit der Eltern, sich vielseitige und flexible Vorstellungen vom Kind machen und über diese reflektieren zu können, scheint jedoch für die frühe Beziehungsentwicklung ebenso entscheidend zu sein (von Klitzing 1994, von Klitzing et al. 1996c).

Vielfältige Phantasien der Eltern von ihrem zukünftigen Kind erleichtern die Beziehungsaufnahme mit dem realen Kind und erweitern den Spielraum des Kindes für seine eigene individuelle Entwicklung. Die Flexibilität der Vorstellungen ist auch deshalb wichtig, weil sie quälenden Ängsten während der Schwangerschaft und späteren enttäuschenden Erfahrungen mit dem realen Kind oder mit sich selbst als Mutter/Vater (Versagensgefühlen) vorbeugen hilft oder es den Eltern leichter macht, damit umzugehen.

Dyadischer und triadischer Beziehungsraum

Der Übergang von den Vorstellungen und Phantasien des zukünftigen Elternpaares zum realen Leben als Vater und als Mutter ist mit Umgestaltungen in der Paarbeziehung verbunden (Gloger-Tippelt et al. 1995). Für die Richtung der Veränderung in der Paarbeziehung scheint auch in diesem Bereich weniger die Übereinstimmung von Vorstellungen und Realität entscheidend zu sein als der Übergangsprozeß selbst, nämlich der Umgang mit widerlegten Erwartungen (Hackel u. Ruble 1992). Obwohl mittel- und längerfristig die Paarbeziehung durch die Elternschaft erhebliche Veränderungen erfährt, wird sie unmittelbar in der Prä- und Postnatalzeit eher als stabil erlebt (Simoni et al. 1996). Dies kann die nötige Sicherheit vermitteln, um mit den Eltern über Gemeinsamkeiten und auch über Unterschiede ihrer Vorstellungen und Wünsche bezüglich ihrer Elternschaft zu reden und damit auch ihre Dialogkultur zu stärken.

In einer Längsschnittuntersuchung mit systemtheoretischem Hintergrund, in die sowohl die Mütter als auch die Väter einbezogen wurden, erwiesen sich während der Schwangerschaft erfaßte elterlichen Beziehungscharakteristika als prognostisch bedeutend für die Entwicklung des Kindes und das spätere Funktionieren der Familie (Lewis 1988a, 1988b, 1988c). Die wohl spezifischste Veränderung im Übergang zur Ersteltern-schaft betrifft jedoch die Umwandlung einer dyadischen Paar-beziehung zu einer familialen Triade von Eltern und Kind. Jede zusätzliche Erweiterung einer Familie (oder einer Dreier-gruppe) läßt sich in Kombinationen von dyadischen und triadi-schen Beziehungsformen beschreiben. Für eine gesunde seeli-sche Entwicklung des Kindes ist die Entfaltung seiner (wohl angeborenen) Fähigkeit, Beziehungen zu mehreren Bezugsper-sonen aufbauen und leben zu können, fundamental. Der Raum für den Dritten in den Vorstellungen sowohl des Vaters als auch der Mutter ist deshalb eine grundlegende und entscheidende Voraussetzung dafür, daß sich später eine Triade mit flexiblen Zweierbeziehungen entwickeln kann und keiner aus der Fami-lie ausgeschlossen werden muß oder sich selbst ausschließt.

Wenn möglich sollen beide Eltern im therapeutischen Prozeß direkt erreicht, also immer Mutter und Vater miteinbezogen werden (vgl. den Beitrag von v. Klitzing »Die Bedeutung des Vaters« in diesem Band). Der Raum für den Dritten oder die Dritte ist jedoch in der Begleitung von Einelternfamilien ein nicht minder bedeutendes Thema. Gerade auch für Kinder alleinerziehender Mütter oder Väter ist es wichtig, welcher Platz und welche Bedeutung dem Dritten beziehungsweise der Drit-ten (dem anderen Elternteil oder andern Personen des Bezie-hungsnetzes) in der Realität und in der Phantasie zukommt.

Eine lebendige Partnerschaft und eine gute Dialogfähigkeit der Eltern ist für die Beziehungsentwicklung des Kindes eine wichtige, jedoch nicht ausreichende Voraussetzung. Der innere Raum für einen Dritten, wie er bei den Bezugspersonen des Kin-des vorhanden ist, beeinflußt die Familien- und Beziehungsent-wicklung ebenso nachhaltig. Die Trilogbereitschaft der zukünf-tigen Eltern läßt sich bereits während der Schwangerschaft abschätzen und allenfalls stützen.

Spezifische Foki in der psychotherapeutischen Begleitung in der Prä- und Postnatalzeit

Ausgehend von den oben skizzierten Prozessen in der Prä- und Postnatalzeit können für verschiedene Bereiche Defizite benannt werden, die aus psychologisch/psychiatrischer Sicht als Risiken für eine gesunde seelische Entwicklung zu betrachten sind (vgl. Basler Elterninterview: von Klitzing et al. 1996):

1. mangelhafte Verarbeitung und Integration der eigenen Kindheitsgeschichte
2. wenig flexible (rigide oder labile) Persönlichkeits- und/oder Partnerschaftsstrukturen
3. wenig flexible (karge, einseitige, starre) Vorstellungen vom zukünftigen Kind
4. mangelhaft entwickelte Dialogfähigkeit der Eltern (dyadische Ebene)
5. pränatal wenig oder kein innerer Raum für eine dritte Person und damit für triadische Beziehungen (triadische Ebene)

Ähnlich wie in der psychodynamisch fundierten Kurzpsychotherapie (vgl. Schacht et al. 1991) wird in der psychotherapeutischen Begleitung in der Prä- und Postnatalzeit mit ausgewählten Inhalten oder Foki gearbeitet. Die Gestaltung der Elternschaft und die Geschichte der eigenen Kindheit werden aber in einem sehr engen, interaktiven Zusammenhang gesehen. Ein weiterer wichtiger Unterschied zum dynamischen Fokus – der ausgehend von individuellen, fehlangepaßten Handlungsmustern oder einem spezifischen inneren Konflikt formuliert wird – besteht darin, daß die Aufmerksamkeit auf regelmäßig mit der Elternschaft verbundene intra- und interpsychische Entwicklungen fokussiert wird. Das individuelle Element der Therapie liegt in der Nutzung von persönlichen Ressourcen sowie in der Diagnostik und Aufarbeitung von Defiziten in den für eine gesunde Entwicklung als relevant erachteten Bereichen. Zusammenfassend können für die psychotherapeutische Begleitung in der Prä- und Postnatalzeit zwei übergreifende Themen formuliert werden:

- *Ertragen von Ambivalenzspannung*: das Vermögen oder Unvermögen widersprüchliche/ambivalente Gefühle gegenüber Elternschaft und Kindheit hinsichtlich vergangener, gegenwärtiger und zukünftiger Erfahrungen zuzulassen
- *Flexibilität oder Rigidität der Vorstellungen*: das Vermögen oder Unvermögen flexible Vorstellungen vom zukünftigen Leben mit dem Kind, von der eignen Rolle und der des Partners entwickeln zu können.

Zwei Fallvignetten zur Illustration

Die folgenden Fallvignetten dienen der Illustration der dargelegten Überlegungen zur Psychotherapie im Übergang zur Elternschaft. Es werden Veränderungen in der Integration der Kindheitsgeschichte der Eltern, des triadischen Beziehungsraums sowie bezüglich der Flexibilität oder Rigidität der Vorstellungen dargestellt und hinsichtlich ihrer Bedeutung für die Familienentwicklung analysiert. Andere Aspekte der individuellen und partnerschaftlichen Dynamik werden nicht oder nur am Rande diskutiert, obwohl sie teilweise ebenso problematisch erscheinen und selbstverständlich in einer Einzel- oder in einer Paarpsychotherapie bearbeitet und reflektiert werden müßten.

Fallvignette 1: Bedürftigkeit der Eltern – Bedürfnisse des Kindes

Frau X wird in der 33. Schwangerschaftswoche aufgrund ihres schlechten Allgemeinzustandes stationär in der Frauenklinik aufgenommen. Sie ist seit längerer Zeit in einem gut stabilisierten Opiatsubstitutionsprogramm, hat jedoch während der letzten zwei Wochen zusätzlich zum Methadon massiv Heroin und Kokain konsumiert. Als ich Frau X zum ersten Gespräch in der Frauenklinik treffe, ist sie sehr erschöpft und depressiv. Bis vor kurzem sei sie trotz einer schwierigen Situation zu Beginn der

Schwangerschaft gut zurechtgekommen. Sie habe sich so gut wie schon lange nicht mehr gefühlt. Seit ein paar Tagen habe sie zu ihrem Kind im Bauch keinen Kontakt mehr und auch jegliches Interesse daran verloren. Frau X und ihr Partner sind beide Mitte 20 und kennen sich schon mehrere Jahre. Herr X hält sich fast während der ganzen Schwangerschaft aus beruflichen Gründen in den USA auf. Vor 6 Wochen war er zur Hochzeit, die mit viel Glanz und Gloria von beiden Herkunftsfamilien gefeiert wurde, für ein paar Tage zu Besuch in der Schweiz.

Bis zur Rückkehr ihres Partners etwa 3 Wochen vor der Geburt der Tochter bleibt Frau X stationär in der Klinik. In den therapeutischen Gesprächen geht es um eher allgemeine Ängste bezüglich ihrer zukünftigen Eltern- und Partnerschaft. Frau X beginnt, antizipierte Schwierigkeiten wahr- und ernst zu nehmen und zu kommunizieren. Im Laufe dieses Prozesses gestattet sich die zukünftige Mutter auch allmählich wieder, ihr Kind im Bauch zu erleben. Obwohl sie sich dabei noch kaum Neugier und nur wenige Phantasien erlaubt, ergeben sich Anhaltspunkte für ihre Vorstellungen und Wünsche rund um das Kind sowie für ihre Wahrnehmung des realen Kindes, die in der therapeutischen Begleitung aufgegriffen und genutzt werden können. Frau X weist in dieser pränatalen Zeit Vorwürfe von Muttersmutter und Vatersmutter wütend zurück. Schuldgefühle gegenüber dem Kind können nicht direkt thematisiert werden. Die zukünftige Mutter plagt sich jedoch mit quälenden Versagensgefühlen gegenüber ihrem eigenen Vater. Sie hat große Mühe, ihre Beziehungen zu ihren beiden Eltern oder die zu ihrem Vater und zu ihrem Partner zu integrieren. »Drei ist einer zu viel« scheint für Frau X ein zentrales Beziehungsmotto zu sein, so daß sie kaum Vorstellungen zur zukünftigen Dreisamkeit mit Partner und Kind entwickeln kann. Vor der Rückkehr ihres Partners äußert sie den Wunsch, »noch möglichst viele« gemeinsame Gesprächstermine bis zur Geburt zu vereinbaren.

Sobald der Vater von seinem Auslandaufenthalt zurückgekehrt ist, finden die Gespräche mit beiden Eltern statt. Beim zukünftigen Vater besteht zu Beginn des therapeutischen Kontaktes Verwirrung bezüglich der Generationsebenen, in der seine Schwierigkeiten mit seiner neuen Rolle deutlich zum Ausdruck kommen. So stellt sich für ihn die Frage, ob er als zukünftiger Vater oder als Sohn seiner Eltern zu den Gesprächen kommt, die in der kinder- und jugendpsychiatrischen Poliklinik stattfinden. Mit seiner zukünftigen Elternschaft hat er sich bisher hauptsächlich unter dem Aspekt der antizipierten Einschränkungen beschäftigt, welche ihn existentiell ängstigen und vermutlich teilweise zu erklären vermögen, warum er sich der Erfahrung der Schwangerschaft bisher weitgehend entzogen hat. Frau X hat das Bedürfnis, ihrem Partner von der Schwangerschaft, vor allem aber von den nun vermehrt auftauchenden Phantasien vom zukünftigen Kind zu erzählen.

Die Tochter kommt termingerecht und gut entwickelt zur Welt. Die Geburt verläuft ohne Komplikationen, und beim Kind sind trotz der Opiatabhängigkeit der Mutter kaum postpartale Entzugssymptome festzustellen. Das Mädchen entpuppt sich als eher ruhiges, jedoch aufgewecktes Kind, das aktiv die Beziehung zu seinen Eltern von Anfang an mitgestaltet. Bei der Mutter zeigt sich bald nach der Geburt ein gutes intuitives Repertoire in ihrem Umgang mit dem Kind (Papoušek u. Papoušek 1995). Während sie eine sehr warme gefühlvolle Beziehung zur Tochter entwickelt, werden quälende Schuldgefühle zunehmend ein Thema. Als das Kind 4 Monate alt ist, beginnt sie intensiv um die »verpaßten Momente« in der Schwangerschaft mit diesem Kind zu trauern, äußert jedoch neben dem Wunsch nach einer zweiten Schwangerschaft auch vielfältige Wünsche und Vorstellungen zum gegenwärtigen und zukünftigen Leben mit dieser ersten Tochter. Die Anerkennung ihres eigenen Vaters genießt Frau X in dieser ersten Zeit ihrer Mutterschaft sehr, während sie durch die Veränderungen in der Partnerschaft und durch die Zuneigung ihres Partners zur Tochter anfänglich stark in ihrer weiblichen Identität verunsichert wird. Allmählich zeigt sich jedoch in den Gesprächen eine Klärung der Generations- und Beziehungsebenen, indem ihr Vater deutlicher zum Großvater, sie selbst zur Mutter und die Kleine zur Tochter wird. Bezogen auf ihren Partner beginnt sie sich zwischen der Paar- und der Elternebene sicherer hin und her zu bewegen. Vorzüge und Nachteile von Muttersmutter und Schwiegermutter werden während dieser Zeit ausgiebig besprochen und abgewogen. Der Druck, sich zwischen der Liebe zum Vater oder zur Mutter, zum Partner oder zum Vater, zur Tochter oder zum Partner entscheiden zu müssen, verringert sich spürbar.

Der Vater hat die Geburt der Tochter zwar als zäh und langfädig erlebt (»ich hatte leider vergessen ein Buch mitzunehmen«), ist jedoch überwältigt von ihrer Ähnlichkeit mit ihm und überrascht von seiner Zuneigung, die er spontan für sie empfindet. Sein Umgang mit ihr ist in den ersten Wochen auf eine provozierende Art fast grob. Er selbst macht einen nachdenklichen, depressiv anmutenden Eindruck. Vom bisher sehr engen Kontakt mit seinen Eltern zieht er sich fast ganz zurück, lehnt auch Unterstützungsangebote kritisch ab. In den therapeutischen Gesprächen tauchen Erinnerungen an den bewunderten, aber unberechenbaren und egoistischen Vater seiner Kindheit auf. Die vertrauten Bilder von der engen (ausschließenden?) Zweisamkeit mit der Mutter verschärfen die damit verbundenen Gefühle der Einsamkeit noch. Erst nach einiger Zeit kann Herr X allmählich die spezielle Bedürftigkeit seines Säuglings (an)erkennen und rückblickend sogar sein unempathisches Verhalten mit dem Neugeborenen reflektieren. In den folgenden Wochen entwickeln sich parallel dazu seine Fähigkeiten, sich Vorstellungen über das Kind und seine Bedürfnisse, über seine Vaterschaft sowie über die Bedeutung seines Vaters und seiner Mutter zu machen. Dies läßt ihn auch in der Gestaltung seines eigenen väterlichen Stils in Abgrenzung zur Partnerin (und zu den beiden Großmüttern) deutlich sicherer werden.

Die partnerschaftlichen Auseinandersetzungen zwischen Herrn und Frau X sind während der Prä- und Postnatalzeit enorm, führen jedoch – vielleicht dank der wachsenden dyadischen und triadischen Beziehungsbereitschaft – nicht zum Bruch. Für die Mutter wird ihre sich entwickelnde Fähigkeit, innere Prozesse wahrzunehmen und einem Gegenüber mitzuteilen, zum Schlüsselthema. Ihre zunehmend flexiblen Vorstellungen über die Tochter und über »die andern beiden« eröffnen ihr den Zugang zum triadischen Beziehungsraum und damit auch dazu, die Vielfältigkeit von Beziehungen allmählich als Bereicherung zu genießen. Für Herrn X kristallisiert sich seine Auseinandersetzung mit dem »Dritten im Bunde« an der Bedeutung des Vaters (für ihn und seine Tochter). Seine Ängste, durch die Bedürfnisse der eigenen Tochter selbst zu kurz zu kommen, relativieren sich, als er die Beziehungen zu seinem Vater und zu seiner Mutter in ihrem Zusammenhang erleben und dadurch zu einer sich verändernden Geschichte seiner Kindheit finden kann.

Fallvignette 2: Depressive Krise in der Schwangerschaft

Herr und Frau Y kennen sich zu Beginn der Schwangerschaft erst seit ein paar Wochen. Obwohl sie sich innerlich und aufgrund ihrer Lebenssituation bereit dazu fühlen, Eltern zu werden, äußern beide Bedauern darüber, nur ein paar Wochen ausschließlich zu zweit miteinander gehabt zu haben. Das Paar plant das zukünftige Leben als Familie sorgfältig und nimmt sich viel Zeit dafür, sich über Vorstellungen, Wünsche, Bedenken auszutauschen. Herr und Frau Y sind beide bald dreißig und haben während der letzten Jahre beruflich Karriere gemacht. Als Frau Y Ende des zweiten Drittels ihrer Schwangerschaft planmäßig ihre Berufstätigkeit aufgibt, rutscht sie innerhalb weniger Tage in eine depressive Krise, in der sie an der gemeinsamen Zukunft heftig zweifelt und schließlich zusammen mit ihrem Partner Unterstützung sucht. Herr Y ist durch die plötzliche Sprachlosigkeit und tiefe Verzweiflung seiner Frau total verunsichert und reagiert latent aggressiv darauf. Frau Y kann nicht begreifen, warum sie die »wohl schönste Zeit ihres Lebens« nicht einfach genießen und sich selbst auf das kommende Kind vorbereiten kann. Beide Eltern haben hinsichtlich des zukünftigen Lebens als Familie und der Kindererziehung sehr hohe Erwartungen an sich und die Partnerschaft. Außerdem sind beide überzeugt, daß sich ihre Idealvorstellungen mit entsprechendem Engagement auch erreichen lassen. Nun erlebt Frau Y in der depressiven Krise massive Ängste vor der Zukunft und wird von Selbstzweifeln an ihrer Eignung für die neuen Aufgaben als Mutter, Haus- und Ehefrau geplagt.

Im Erstgespräch präsentieren die zukünftigen Eltern die Geschichten ihrer eigenen Kindheit und ihre momentane Situation folgendermaßen: Frau Y ist in einer Familie aufgewachsen, die von den Bedürfnissen und Launen eines körperlich chronisch kranken Vaters dominiert worden ist. Seine Krankheit sieht sie aus heutiger Sicht wesentlich durch äußere Umstände mit verursacht, die ihm die Verwirklichung seiner Lebenspläne verunmöglichten. Ihre Mutter habe sich in Konflikten innerhalb der Familie oft schützend vor die Kinder gestellt, deren Interessen gegen außen (z.B. in der Schule) aber nicht vertreten können. Sie und ihr Bruder seien dadurch zur Anpassung und Unterwerfung erzogen worden. Über ihre Schwangerschaft, die sie im ersten Moment sehr erschreckt hat, hat sie sofort spontan als erste Person ihre Mutter informiert. Frau Y ist überrascht, daß sie überhaupt schwanger werden konnte, und sehr fasziniert von den schwangerschaftsbedingten Veränderungen ihres Körpers. Sie verfolgt sie mit großer Neugierde, fühlt sich jedoch durch den Verlust perfekter Körperformen auch zu ängstlichen Vergleichen mit gleichaltrigen Freundinnen veranlaßt. Das Sehen des pulsierenden kindlichen Herzens im Ultraschallbild sei für sie entscheidend dafür gewesen, das Kind als real existierendes eigenes Wesen erfassen zu können.

Herr Y ist allein mit seiner Mutter aufgewachsen und hat keine Erinnerungen an eine bedeutende männliche Bezugsperson in seiner Kindheit. Darüber hinaus beschreibt er die Beziehung zwischen ihm und seiner Mutter als »heute nicht mehr so eng wie früher«. Auf die Nachricht seiner Frau von der bestehenden Schwangerschaft habe er nur mit ungläubigem Lachen reagieren können, weil er sich sehr überrumpelt von den bevorstehenden Veränderungen gefühlt habe. Er spricht spontan darüber, als Vater die Beziehung zu seinem Kind ganz aus seinen Vorstellungen heraus gestalten zu müssen, weil er auf keinerlei eigene Erfahrungen mit Väterlichkeit zurückgreifen kann. Mittlerweile freut er sich auf die neue Verantwortung und den gemeinsamen Lebenssinn durch die Elternschaft, kann sich jedoch eine Dreierbeziehung überhaupt nicht ausmalen und wünscht sich ein braves Kind. Da er seine Eifersucht auf den Raum, den das Kind trotzdem einnehmen wird, antizipiert, ist es bereits pränatal ein wichtiges Anliegen für ihn, mit der Partnerin kinderfreie Zeiten zu planen.

Die mangelhafte Integration von negativen und positiven Anteilen der eigenen Herkunftsgeschichte ist der Angelpunkt des Paares, der zur Entwicklung eines zwar gemeinsamen, aber sehr einseitigen Bildes von einem perfekten Familienleben führt. Die depressive Krise von Frau Y kann im Sinne einer Anpassungsstörung als Reaktion auf die Überforderung durch sich kumulierende Veränderungen interpretiert werden. Der Übergang zur Elternschaft aktiviert die eigene Kindheitsgeschichte von Frau Y, in der die Bedürfnisse der einzelnen Mitglieder zwar sehr unterschiedlich gewichtet, aber vermutlich sowohl für die Eltern als auch für die Kinder weitgehend unausgelebt und unbefriedigt geblieben sind. Frau Y tut sich schwer mit der Wechselseitigkeit von Beziehungen und der Kommunikation über innere Prozesse. Indem sie – zuerst körperlich – zwischen sich und dem Fötus zunehmend zu unterscheiden lernt, können sich aufgrund der Schwangerschaft ihre Wahrnehmungs- und Erlebensfähigkeit differenzieren. Die Spannung zwischen diesem Prozeß und dem mit dem Partner geteilten rigiden Bild von einer idealen Familie scheint zur Dekompensation zu führen, als sie ihre Berufsarbeit aufgibt, die sie bisher vermutlich vor überzogenen Leistungsforderungen im häuslichen Bereich geschützt hat. Herr Y seinerseits hat aufgrund des real abwesenden Vaters, der auch als Thema in der Mutter-Sohn-Beziehung kaum präsent gewesen ist, wenig inneren Spielraum, um sich ein familiales Leben zu dritt auszumalen. Dies führt dazu, daß sich seine Phantasien fast nur um die zukünftige Gestaltung der Partnerschaft und kaum um das Kind selbst drehen, was es ihm wiederum erschwert, sich seine zukünftige Vaterrolle auszumalen. Durch die depressive Krise, die Frau Y relativ schnell überwindet, ergibt sich die Gelegenheit, mit dem Paar während der Prä- und Postnatalzeit intensiv an den oben skizzierten Themen zu arbeiten, was zu einem zwar vorerst unsichereren, aber doch flexibleren Umgang mit phantasierten und realen Elementen des vergangenen, gegenwärtigen und zukünftigen Leben führt.

Nikolaus von Hofacker

Frühkindliche Störungen der Verhaltensregulation und der Eltern-Kind-Beziehungen

Zur differentiellen Diagnostik und Therapie psychosomatischer Probleme im Säuglingsalter

Vorbemerkungen

Schwierigkeiten der Verhaltensregulation im Säuglingsalter zählen zu den am häufigsten anzutreffenden Problemen in der pädiatrischen Praxis. Zwischen 20 und 29 % gesunder Säuglinge leiden in den ersten Lebensmonaten unter unstillbarem Schreien/»Koliken« (Alvarez u. St. James-Roberts 1996, St. James-Roberts u. Halil 1991), bis zu 30 % aller Eltern berichten über Schlafprobleme, 36 % über Fütterprobleme ihrer Kinder im ersten Lebensjahr (Forsyth u. Canny 1991, Sadeh u. Anders 1993). Im Umgang mit den erwähnten Problemen herrscht selbst unter Fachleuten große Unsicherheit, nicht zuletzt auch, weil sich das Säuglingsalter durch eine Reihe spezifischer Bedingungen von späteren Lebensphasen unterscheidet:

- Die grundlegenden somatischen (motorischen, vegetativen, sensorischen) Funktionen und Reaktionen des Säuglings sind eng mit seinem Verhalten gekoppelt. Regulative Auffälligkeiten äußern sich daher in der Regel sowohl in Verhaltens- wie in somatischen Beeinträchtigungen des Säuglings.
- Die einzelnen Regulationsbereiche des Säuglings (affektive, Schlaf-Wach- und Nahrungsregulation, Integration von Lernerfahrungen) sind nur unscharf gegeneinander abgegrenzt. Auffälligkeiten umfassen nicht selten mehrere regulative Kontexte oder greifen auf diese über (v. Hofacker et al. 1996).
- Die vorsprachliche Eltern-Kind-Kommunikation und die frü-

hen Eltern-Kind-Beziehungen sind für die kindliche Verhaltensregulation im Sinne einer koregulatorischen elterlichen Unterstützung von herausragender Bedeutung (Papoušek u. Papoušek 1990). Ein Verständnis der Genese regulatorischer Probleme sowie eine differentielle Therapie ist daher nur im Kontext der frühen Eltern-Kind-Beziehungen möglich (Anders 1989, Papoušek u. v. Hofacker 1995). Die elterlichen Einstellungen, Phantasien und Interpretationen in bezug auf das kindliche Verhalten und ihre psychischen Belastungen sind für die Gesamtbewertung der kindlichen Problematik unerläßlich.

- Konstitutionelle Verhaltensbereitschaften des Säuglings, seine sich erst allmählich etablierenden biologisch-physiologischen Rhythmen und das individuell unterschiedliche Tempo der Reifungsprozesse bedingen eine hohe intra- und interindividuelle Variabilität kindlicher Verhaltensmuster im ersten Lebensjahr. Eine Unterscheidung und Abgrenzung von durchschnittlich zu erwartendem gegenüber auffälligem Verhalten ist häufig schwierig und setzt eine genaue Kenntnis der Entwicklungsdynamik in den ersten Lebensjahren voraus.
- Wegen der intensiven Entwicklungs- und Reifungsprozesse sind regulative Beeinträchtigungen des Säuglings noch nicht als Ausdruck einer manifesten kindlichen Psychopathologie einzustufen. Allenfalls kann eine Psychopathologie der Eltern-Kind-Beziehungen in Betracht gezogen werden. Allerdings ist zu berücksichtigen, daß zwischen kindlichen Auffälligkeiten und Belastungen der Eltern-Kind-Beziehungen enge Wechselwirkungen bestehen, die eine vorschnelle uni- oder oligokausale Ursache-Wirkungs-Zuschreibung verbieten. Die Genese regulatorischer Probleme im Säuglingsalter ist am ehesten mit einem dynamischen Erklärungsmodell beschreib- und verstehbar (Papoušek 1985a, Papoušek u. v. Hofacker 1995). In einem solchen ist die Eltern-Kind-Interaktion und -Beziehung in alltäglichen Kontexten (Spiel, Pflege, Beruhigungsversuche, Füttern, Bettzeit, Grenzsetzung etc.) die Tribüne, auf der die spezifischen kindlichen Belastungen und Ressourcen in Wechselwirkung stehen mit

den elterlichen psychosozialen/psychischen Belastungen, Bedeutungszuschreibungen, Phantasien, konflikthaften Verstrickungen mit der Herkunftsfamilie, aber auch Ressourcen. Hier wird quasi entschieden, inwieweit ebenjene Ressourcen des Systems »Säugling-Eltern-Familie« ausreichen, um Risikobedingungen oder vorübergehende Belastungen zu kompensieren, dysfunktionale in funktionale Kommunikationsmuster und -kreisläufe zu verwandeln, oder ob es zu einer fortschreitenden Dekompensation mit der Gefahr von Kindsvernachlässigung und -mißhandlung kommt (Frodi 1985, Zeskind u. Shingler 1991).

Diagnostik und Therapie von Regulationsstörungen im Säuglingsalter sollten unter Zugrundelegung eines solchen dynamischen Entstehungsmodells von Anfang an (1) interdisziplinär, (2) unter genauer Kenntnis normaler Entwicklungsprozesse, ihrer Variabilität und Abweichungen und (3) unter Einbezug der frühen Eltern-Kind-Beziehungen sowie der Kenntnis möglicher Ressourcen und Belastungen oder Störungen derselben erfolgen.

Zur Begriffsklärung sei an dieser Stelle erwähnt, daß von uns der Terminus »Regulationsstörung« anstelle von »psychischer« oder gar »Verhaltensstörung« des Säuglings bevorzugt wird. Ersterer schließt, bewußt unscharf, die Verhaltens- und die psychosomatische Regulation des Säuglings sowie die Beziehungsregulation zwischen Eltern und Säugling ein, da, wie bereits ausgeführt, zwischen diesen Bereichen enge Wechselwirkungen bestehen. Dabei wird der Begriff »Störung« nicht ohne Unbehagen, aber mangels überzeugender Alternativen, aus der Psychopathologie späterer Lebensphasen übernommen, suggeriert er doch eine im Säuglingsalter in der Regel noch nicht vorhandene, quasi festgefahrene und umschriebene klinische Symptomatik.

Der vorliegende Beitrag beschränkt sich auf die drei häufigsten Störungsbilder im 1. Lebensjahr (exzessives Schreien, Schlaf- und Fütterprobleme). Weitere regulatorische Probleme der ersten beiden Lebensjahre (Störungen des Bindungs- und Explorationsverhaltens, Trennungsängste, Autonomie- und Separationsprobleme, übermäßige Wut- und Trotzanfälle) werden trotz der oft nachweisbaren Zusammenhänge mit exzessivem Schreien im frühen Säuglingsalter (v. Hofacker et al. 1996) an dieser Stelle nicht behandelt, da dies den Rahmen des Beitrags überschreiten würde. Erscheinungsformen, Ätiologie, Diagnostik und Differentialdiagnostik der einzelnen Regulationsstörungen werden zunächst für jedes Störungsbild gesondert aufgeführt. Da Regulationsprobleme im Säuglingsalter aber nicht selten in unterschiedlicher Kombination miteinander assoziiert auftreten, erfolgt die Besprechung therapeutischer Möglichkeiten integriert am Ende des Beitrags.

Exzessives Schreien / »Säuglingskoliken«

Erscheinungsbild und Ätiologie

Die im ersten Lebenshalbjahr, vor allem in den ersten 3 Monaten vermehrte Schrei- und Unruheneigung des Säuglings hängt eng mit intensiven Entwicklungs- und Reifungsprozessen dieser Lebensphase zusammen (Prechtl 1984, Papoušek u. Papoušek 1984). Zahlreiche längsschnittliche Studien konnten zeigen, daß die durchschnittliche Schrei- und Unruhedauer des Säuglings ihren Höhepunkt um die 6. Lebenswoche erreicht (durchschnittlich 2,5 Stunden Schreien/Unruhe pro 24 Std.) und danach in der Regel abnimmt, so daß sie jenseits des 3. Lebensmonats in epidemiologischen Populationen nur noch eine Stunde pro Tag beträgt (Brazelton 1962, St. James-Roberts u. Halil 1991). In klinischen Stichproben persistiert die Schrei- und Unruheneigung dagegen häufig bis in das 2. Trimenon (Papoušek u. v. Hofacker 1995). Nicht selten geht sie mit einer Unreife der Schlaf-Wach-Regulation, protrahierten Einschlafphasen, und verkürztem oder erst verspätet eintretendem Nachtschlaf einher (Papoušek u. Papoušek 1996).

Bis zu 29 % aller Säuglinge schreien oder quengeln in den ersten Lebensmonaten mehr als 3 Stunden an mindestens 3 Tagen pro Woche und erfüllen damit die von Wessel et al. (1954)

eingeführten objektiven Kriterien exzessiven Schreiens in den ersten Lebensmonaten (Brazelton 1962, St. James-Roberts u. Halil 1991). Für den klinischen Gebrauch ist es sinnvoll, immer dann von exzessivem Schreien zu sprechen, wenn die Eltern die Schrei- und Unruheneigung subjektiv als so problematisch empfinden, daß sie deswegen klinisch Hilfe suchen.

Schrei- und Unruhephasen treten im frühen Säuglingsalter typischerweise ohne erkennbaren Grund, bevorzugt in den Abendstunden auf und sind in ihrer Länge intra- und interindividuell ausgesprochen variabel. Entgegen früheren Vermutungen gehen nur maximal 11 % dieser Phasen mit dem als »Kolik« (geblähtes Abdomen, rotes Hautkolorit, hypertone, gebeugte Extremitäten) eingestuften klinischen Erscheinungsbild einher (St. James-Roberts et al. 1995).

Transkulturelle Studien, die in Naturvölkern in den ersten Lebensmonaten eine ähnliche Häufigkeit und Verteilung einzelner Schrei- und Unruhephasen im Tagesverlauf wie in Industrienationen nachweisen konnten, lassen einen engen Zusammenhang mit universell vorhandenen Reifungsprozessen vermuten. Andererseits dürften kulturell unterschiedliche Pflegepraktiken für die wesentlich längere Dauer einzelner Schrei- und Unruhephasen in Industrienationen verantwortlich sein (Barr et al. 1991, St. James-Robert et al. 1994).

Folgende Faktoren können darüber hinaus, zumindest bei einem Teil der Säuglinge, von ätiologischer und diagnostischer Relevanz sein (Tabelle 1):

– Eine Kuhmilch- oder Sojamilchproteinintoleranz findet sich in unselektierten Stichproben bei maximal 10 bis 12 % der Säuglinge (Forsyth 1989, Jakobsson 1994). Dagegen fand sich in zahlreichen Studien (Übersicht bei: Lehtonen 1994, Miller u. Barr 1991) kein nennenswerter Einfluß des Ernährungsmodus (Stillen vs. Flaschenmilchernährung) sowie von funktionellen Beinträchtigungen des Magen-Darm-Trakts (inkomplett verdaute Kohlenhydrate, intestinale Hypermotilität). Unklar ist gegenwärtig noch, welche klinische Rolle bei Säuglingen mit »Koliken« erhöhte Serum-Motilin-Spiegel (Lothe et al. 1990), Unterschiede in der

Tabelle 1: Ätiologische Faktoren und diagnostische Maßnahmen bei exzessivem Schreien/»Koliken« im frühen Säuglingsalter

Ätiologische Faktoren	Diagnostische Maßnahmen
Kind	
– Unreife der Verhaltensregulation (Frühgeburtlichkeit oder konstitutionell)	– Anamnese, pädiatrische Untersuchung, Verhaltensbeobachtung
– Temperament	– Fragebögen, Verhaltensbeobachtung
– Organische Belastungen	
– Neurologische Auffälligkeiten	– Pädiatrisch-entwicklungsneurologische/-psychologische Untersuchung
– Proteinunverträglichkeit	– Probatorische Milchumstellung bei begründetem Verdacht, evtl. IGE, RAST
– Gastroösophagealer Reflux	– Oberbauch-Sonographie, pH-Metrie
Mutter	
– Postpartum Adaptation – Psychische Belastungen/ Psychopathologie – Erziehungseinstellungen – Soziale Unterstützung – Kindheitserlebnisse	– Tiefenpsychologisches Interview, Anamnese, Fragebogen Psychiatrische Untersuchung
Familiäres System	
– Eltern-Kind-Beziehung und -Interaktion	– Interaktionsbeobachtung in störungs- und altersrelevanten Kontexten
– Partnerschaftsbeziehung	– Anamnese, Fragebogen
– Beziehung zur Herkunftsfamilie	– Anamnese

intestinalen Mikroflora (Lethonen et al. 1994a) sowie eine verminderte Gallenblasen-Kontraktilität (Lehtonen et al. 1994b) spielen. Ein gastrointestinaler Reflux als möglicher Auslöser von Schrei- und Unruhephasen fand sich in einer neurologischen Risikopopulation gehäuft (Straßburg et al.

1988), dürfte aber in Normalpopulationen ebenfalls nur bei einer Minderheit eine Rolle spielen.

- Bis zu 57 % exzessiv schreiender Säuglinge zeigen in den ersten 6 Lebensmonaten vorübergehend neurologische Auffälligkeiten als Hinweis auf eine Unreife der zerebralen Organisation (v. Hofacker 1994). Zudem waren in einer neurologischen Inanspruchnahme-Population 44 % der vorgestellten Säuglinge hyperirritabel (Michaelis et al. 1993). Die Befunde weisen auf einen möglichen Zusammenhang zwischen einer Unreife der kindlichen Verhaltensregulation und neurologischen Regulationsprozessen hin.
- Etliche Studien legen einen Zusammenhang zwischen kindlichen konstitutionellen beziehungsweise Temperamentsmerkmalen und der Fähigkeit des jungen Säuglings zur erfolgreichen Selbstregulation nahe (Rothbart u. Posner 1986). So werden exzessiv schreiende Säuglinge im Gegensatz zu unproblematischen Säuglingen von ihren Eltern in Temperamentsbeurteilungsbögen gehäuft als »schwierig« eingestuft, das heißt als leichter irritabel, schwerer tröstbar, weniger vorhersagbar und weniger anpassungsfähig an neue Situationen (Barr et al. 1989, Lehtonen et al. 1994c, Papoušek u. v. Hofacker 1995).
- Enge und komplexe Wechselwirkungen bestehen zudem zwischen der Schrei- und Unruheneigung des Säuglings, einer Kumulation psychosozialer familiärer Belastungen, mütterlichen psychischen Beeinträchtigungen (Ängsten, Postpartum-Depressionen, sonstigen psychopathologischen Auffälligkeiten, eingeschränktem mütterlichen Selbstwertgefühl), Partnerschaftsproblemen und Belastungen der frühen Eltern-Kind-Beziehungen (Papoušek u. v. Hofacker 1995, Rautava et al. 1993, Räihä et al. 1995, v. Hofacker et al. 1996).

Abzugrenzen von exzessivem Schreien/»Koliken« in den ersten Lebensmonaten sind Schrei- und Unruhezustände jenseits des ersten Lebenshalbjahres. Solche Zustände haben in der Regel einen anderen ätiologischen Hintergrund, da Schreivokalisationen nun zunehmend der Willkürkontrolle unterliegen, instrumentell eingesetzt werden können (Fisichelli et al. 1974, Wolff 1987) und mit komplexen visuellen und gestischen Verhaltensmustern, die Signal- und Aufforderungscharakter haben, koordiniert werden können (Gustafson u. Green 1991). Die Schreiphasen sind damit nicht mehr Ausdruck einer instabilen Regulation der Verhaltenszustände, sondern Teil entwicklungsphasenspezifischer Störungsbilder (Schlafstörungen, Bindungsstörungen, Trennungsängste, Wut- und Trotzanfälle), die eigens zu diagnostizieren und therapieren sind. Sie sollen an dieser Stelle aus den zuvor genannten Gründen nicht besprochen werden.

Diagnostik und Differentialdiagnostik

In einem ausführlichen *klinischen Interview* sollten mit dem kindlichen Problemverhalten assoziierte organische Belastungen oder Störungen ebenso erfaßt werden wie elterliche, störungsspezifische psychische Belastungen und Bedeutungszuschreibungen, mütterliche Ängste, vorausgegangene Trennungs- und Verlusterlebnisse und die Bewältigung des Übergangs zur Elternschaft. Weiterhin von Bedeutung sind die Qualität der elterlichen Partnerbeziehung, familiäre psychosoziale Belastungen und Krisen (Lebensereignisse) sowie schließlich aktualisierte Konfliktsituationen mit den Herkunftsfamilien der Eltern. Eine genaue pädiatrisch-entwicklungspsychologische Anamnese ist Voraussetzung, um normale gegenüber protrahierten Entwicklungs- und Reifungsprozessen des Säuglings, vor allem im Hinblick auf den Reifungsgrad seiner selbstregulatorischen Fähigkeiten abzugrenzen.

Darüber hinaus können *Fragebögen* hilfreich sein, um die elterliche Temperamentseinschätzung, psychische Belastung, Partnerschaftsqualität, soziale Unterstützung und ihre Erziehungseinstellungen zu erheben (Papoušek u. v. Hofacker 1995). *Verhaltenstagebücher* erlauben eine genaue Dokumentation von kindlichen Schrei-, Unruhe- und Schlafphasen, Fütterzeiten und Phasen gemeinsamen Spiels. Sie können zudem Auskunft über die Art und Dauer elterlicher Interventionen während kindlicher Schrei- und Unruheepisoden geben (Papoušek u. v. Hofacker 1995).

Die *pädiatrisch-entwicklungsneurologische* sowie *orientierende entwicklungspsychologische Untersuchung*, gegebenenfalls auch die differenzierte entwicklungspsychologische Testung, ermöglichen eine direkte Beurteilung des Entwicklungs- und Reifezustands sowie der selbstregulatorischen Fähigkeiten des Säuglings. Die Untersuchung bildet die Basis für weitere differentialdiagnostische Erwägungen und die Planung therapeutischer Schritte.

Interaktions- und Verhaltensbeobachtungen, wenn möglich videographiert, in störungs- und altersrelevanten Kontexten (gemeinsames Spiel, Beruhigungsversuche, Füttersituationen) ermöglichen eine Einschätzung, inwieweit nur ein oder mehrere regulatorische Kontexte auffällig sind. Vor allem erlauben sie aber eine Beurteilung von Ausprägungsgrad und Anpassung der intuitiven elterlichen Kompetenzen im Umgang mit dem Säugling (Papoušek u. Papoušek 1987, Papoušek 1996). Als solche werden jene universal vorhandenen, nicht bewußt gesteuerten, spontanen Verhaltensanpassungen bezeichnet, mit denen Eltern zum Beispiel durch interaktive Dialoge und Spielchen den Säugling in seinen begrenzten integrativen und regulatorischen Fähigkeiten koregulatorisch unterstützen. Die Einschätzung der Responsivität und Angemessenheit elterlichen Verhaltens in bezug auf kindliche Verhaltenssignale (gerade auch in Belastungssituationen), der kindlichen selbstregulatorischen Kompetenzen, sowie die Erfassung funktionaler und dysfunktionaler Kommunikationsmuster zwischen Eltern und Säugling ist Voraussetzung für die Planung einer individuell zugeschnittenen, interaktionszentrierten Intervention (Papoušek 1997, v. Hofacker u. Papoušek, eingereicht).

Bei Vorliegen entsprechender Verdachtsmomente sollte zusätzlich die folgende Differentialdiagnostik durchgeführt werden:

– Blutbild, IGE und RAST falls eine positive Familienanamnese für atopische/allergische Erkrankungen Verwandter ersten Grades (Geschwister oder Eltern), manifeste Atopien/Allergien (z. B. atopisches Ekzem) und/oder schwere »Koliken« (mit Durchfällen) vorliegen.

- Ultraschalluntersuchung des Oberbauches mit Ösophagusdarstellung sowie gegebenenfalls auch ph-Metrie zum Ausschluß eines gastroösophagealen Refluxes (GÖR) bei neurologisch sehr unreifen oder auffälligen Säuglingen sowie bei atypischen Schreiformen. Dies gilt insbesondere, wenn anamnestisch wiederholtes Spucken oder Erbrechen genannt wird, da in neurologisch auffälligen Populationen das Risiko eines GÖR erhöht ist.
- Bei gehäuften unklaren Klinik-/Arztvorstellungen des Kindes, unklaren Verletzungen, äußeren Anzeichen für Verwahrlosung sollte grundsätzlich immer bedacht werden, daß exzessives Schreien, aber auch andere regulatorische Probleme im Säuglingsalter (s. u.) durch die damit verbundene elterliche Belastung das Risiko von Kindesvernachlässigung oder -mißhandlung erhöhen (Frodi 1985, Zeskind u. Shingler 1991). Entsprechende differentialdiagnostische Schritte sollten daher gegebenenfalls eingeleitet werden.

Schlafstörungen

Erscheinungsbild und Ätiologie

Wiederholtes, kurzes nächtliches Aufwachen ist im Säuglings- und Kleinkindalter physiologisch. Die meisten Säuglinge erwerben aber bereits im ersten Lebenshalbjahr die Fähigkeit, ohne wesentliche elterliche Hilfen wieder einzuschlafen (Anders et al. 1992). Bei jungen Säuglingen, insbesondere innerhalb der ersten 3 Lebensmonate, kann eine generelle Unreife der Schlaf-Wach-Regulation Grundlage von exzessivem Schreien und chronischen Unruhezuständen sein (Papoušek u. Papoušek 1996), ohne daß von einer Schlafstörung im eigentlichen Sinne gesprochen werden sollte. Schlafstörungen zeichnen sich dagegen durch die über den 6. Lebensmonat hinaus persistierende Unfähigkeit des Säuglings aus, ohne elterliche Hilfe (wieder) einzuschlafen. Ätiologisch spielen vor allem erlernte Verhaltensmuster im Rahmen der elterlichen Bettzeitinteraktionen eine Rolle (Adair et al. 1991, Anders et al. 1992). Nicht selten beginnt die Schlafstörung im 2. Lebenshalbjahr in Zusammenhang mit einer vorübergehenden Beeinträchtigung beziehungsweise Überbeanspruchung kindlicher selbstregulatorischer Fähigkeiten (z. B. Infekt, Zahnen, Veränderungen täglicher Routinen oder der gewohnten Umgebung). Die in einer solchen Phase durchaus notwendige und adäquate elterliche Unterstützung wird dann über das Abklingen der kindlichen Beeinträchtigung hinaus beibehalten. Der Säugling bekommt auf diese Weise nur unzureichend Gelegenheit, seine selbstregulatorischen Fähigkeiten, vor allem seine Fähigkeit zur Selbstberuhigung wiederaufzunehmen und weiter auszudifferenzieren. Die Folgen können Einschlafprobleme, protrahierte Einschlafdauer, wiederholtes nächtliches Aufwachen mit Schrei- und Unruhephasen, abendliches oder nächtliches Einschlafen nur mit elterlichen Einschlaf- und Regulationshilfen und Phasenverschiebung in der circadianen Verteilung der Schlaf-Wach-Phasen sein.

Neben der subjektiven elterlichen Wahrnehmung können folgende objektive Kriterien zur Definition von Schlafstörungen herangezogen werden (Minde et al. 1994, Richman 1981):

- Einschlafen nur mit Einschlafhilfe der Eltern und/oder Einschlafdauer im Durchschnitt länger als 30 Minuten.
- Durchschnittliches nächtliches Aufwachen und fehlendes selbständiges Wiedereinschlafen von mehr als dreimal an mindestens vier Nächten pro Woche und/oder nächtliche Aufwachperioden im Durchschnitt länger als 20 Minuten.

Das Schlafen im elterlichen Bett ist noch kein ausreichender Hinweis für eine Schlafstörung, zumindest solange es von den Eltern nicht als Problem empfunden wird, da es großen historischen, kulturellen und interindividuellen Schwankungen und Trends unterliegt. Es ist in den ersten Lebensmonaten auch in unserer Kultur weit verbreitet (Wolke et al. 1995). Allerdings kann das deutlich verlängerte, altersunangemessene Schlafen im elterlichen Bett mit kindlichen Verhaltensauffälligkeiten im weiteren Entwicklungsverlauf assoziiert sein (Lozoff et al. 1984).

Auch bei Schlafstörungen bestehen enge Wechselwirkungen zwischen kindlichen Reifungs- und Lernprozessen, Temperamentsmerkmalen, familialen psychosozialen und psychischen Belastungen, Partnerschaftsproblemen und der Qualität der Eltern-Kind-Beziehung (Weissbluth u. Liu 1983, Sadeh u. Anders 1993, Papoušek u. Papoušek 1996). Darüber hinaus können in Ausnahmefällen, und dann in der Regel mit anderen Auffälligkeiten assoziiert, ein sogenanntes Schlaf-Apnoe-Syndrom, hirnorganische Auffälligkeiten und/oder epileptische Anfälle bei der Genese und Aufrechterhaltung von Schlafstörungen eine Rolle spielen (Tabelle 2).

Diagnostik und Differentialdiagnostik

Die unter exzessivem Schreien/Säuglingskoliken aufgeführte Diagnostik ist auch bei Schlafstörungen grundsätzlich sinnvoll. Anamnestisch sollten die Schlafgewohnheiten der Familie, elterliche Erwartungen und Wünsche in bezug auf das kindliche Schlafverhalten und das Vorhandensein sowie die Art von Einschlafritualen genau erhoben werden. Der Einsatz von *Verhaltens- und Schlaf-Tagebüchern* erlaubt eine Dokumentation von Einschlafdauer, benötigten Einschlafhilfen, Dauer und Häufigkeit nächtlicher Wachphasen sowie der eingesetzten elterlichen Interventionen. Dies ist insofern wichtig, als die Bettzeitinteraktionen der direkten Beobachtung nicht zugänglich sind. Sehr wohl können aber Interaktionen in sonstigen altersrelevanten Kontexten, vor allem kindliche und elterliche Beruhigungsstrategien in Belastungssituationen beobachtet und analysiert werden. Darauf aufbauend können alternative, die kindliche Selbstregulationsfähigkeit fördernde Strategien mit den Eltern gemeinsam besprochen werden.

Nur bei Vorliegen entsprechender Verdachtsmomente, wie kindlicher neurologischer Auffälligkeiten, unregelmäßiger oder

Tabelle 2: Ätiologische Faktoren und diagnostische Maßnahmen bei Schlafstörungen im Säuglingsalter

Ätiologische Faktoren	Diagnostische Maßnahmen
Kind	
– Temperament	– Fragebögen, Verhaltensbeobachtung
– Organische Belastungen	
– Neurologische Auffälligkeiten	– Pädiatrisch-entwicklungsneurologische Untersuchung, EEG
– Apnoen	– Genaue Anamnese, Beobachtung, EEG, evtl. Polysomnographie
Mutter	
– Psychische Belastungen/ Ängste/ Psychopathologie – Erziehungseinstellungen – Soziale Unterstützung – Kindheitserlebnisse	– Tiefenpsychologisches Interview, Anamnese, Fragebogen, Psychiatrische Untersuchung
Familiäres System	
– Bettzeitinteraktion	– Anamnese, Schlaf-Tagebuch
– Eltern-Kind-Beziehung und -Interaktion	– Interaktionsbeobachtungen in altersrelevanten Kontexten
– Partnerschaftsbeziehung	– Anamnese, Fragebogen
– Beziehung zur Herkunftsfamilie	– Anamnese

behinderter Atmung im Schlaf, fraglicher Abwesenheitszustände oder sonstiger anfallsverdächtiger Phänomene ist die Ableitung eines Schlaf-EEGs, gegebenenfalls auch einer Polysomnographie, sinnvoll und notwendig.

Fütter-, Eß- und Gedeihstörungen

Erscheinungsformen, Ätiologie

Um den interaktionellen Aspekt von Eß- und Gedeihstörungen im Säuglingsalter hervorzuheben, wird von uns, auch in Anlehnung an die internationale Literatur, der Begriff »Fütterstörung« bevorzugt. Vorübergehende Fütterprobleme sind im Säuglingsalter häufig (Forsyth u. Canny 1991) und nicht als Störung zu werten. Es wird daher vorgeschlagen, von Fütterstörungen erst zu sprechen, wenn die Fütterinteraktion von den Eltern über einen längeren Zeitraum (mehr als 1 Monat) als problematisch empfunden wird. Als objektive Hinweise auf Fütterstörungen können jenseits der ersten drei Lebensmonate folgende Kriterien herangezogen werden (Ramsay et al. 1993):

Durchschnittliche Dauer einzelner Fütterungen mehr als 45 Minuten und/oder Intervall zwischen den Mahlzeiten weniger als 2 Stunden.

Die Füttersstörung kann, muß aber nicht mit einer Gedeihstörung einhergehen. Letztere kann als besonders schwere Form einer Fütterstörung aufgefaßt werden.

Diagnostische Kriterien für eine Gedeihstörung sind (O'Brien et al. 1991, Skuse 1993):

- Für Säuglinge mit einem Geburtsgewicht über der 3. Perzentile: Gewichtsabfall unter die 3. Perzentile und/oder Wechsel von mehr als 2 Gewichts-Perzentilen-Kurven durch Gewichtsverlust oder -stillstand über einen Zeitraum von mindestens 2 Monaten (bei Säuglingen bis zum 6. Lebensmonaten) beziehungsweise mindestens 3 Monaten (jenseits des 6. Lebensmonats).
- Für Säuglinge mit einem Geburtsgewicht unter der 3. Perzentile wird jede fehlende Gewichtszunahme über einen Zeitraum von mindestens 1 Monat als Gedeihstörung bewertet.

Leitsymptome von Fütterstörungen im Säuglingsalter sind in der Regel Nahrungsverweigerung, Rumination/Erbrechen, von den

Eltern als provokativ empfundenes Eßverhalten, Eßverhalten oder Kontext der Fütterung grob altersunangemessen (z. B. hinsichtlich Selbständigkeit, Fütterungsposition, Fütterungszeiten), bizarre Eßgewohnheiten und/oder Kau-, Saug- und Schluckprobleme. Die Folge sind meist zu häufige oder zu seltene Mahlzeiten oder die zu lange Dauer einzelner Mahlzeiten.

Grundsätzlich werden eine Vielzahl unterschiedlicher kindlicher, mütterlicher/elterlicher und familialer Faktoren mit der Ätiologie von Fütter- und Gedeihstörungen in Zusammenhang gebracht (Übersicht bei: Drotar u. Sturm 1991, Skuse 1993). Eine über lange Zeit in der Literatur erfolgte Dichotomie in organische versus nichtorganische Gedeihstörungen erweist sich wegen des hohen Anteils gemischter Störungen als nicht sinnvoll. So haben bis zu 50 % aller Säuglinge mit Gedeihstörungen zumindest leichte mundmotorische Auffälligkeiten. Diese können sich in Form von hypotonen Lippen, persistierendem Zungenstoß, unzureichendem Saugen, mangelhafter Saug-Schluck-Koordination und/oder der Unfähigkeit, die Nahrung vom Löffel zu nehmen, äußern (Heptinstall et al. 1987, Mathisen et al. 1989). Bei einer beträchtlichen Anzahl »nichtorganisch« gedeihgestörter Säuglinge finden sich leichte neurologische Auffälligkeiten (Goldson 1989, Mathisen et al. 1989), in bis zu 40 % bereits bei Geburt ein Untergewicht (Frank u. Zeisel 1985). Zudem unterscheidet sich die Fütterinteraktion nicht wesentlich bei »organischen« und »nichtorganischen« Gedeihstörungen: In beiden Gruppen zeigen 50 % der Mütter Interaktionsauffälligkeiten (Ramsay et al. 1993).

Die konkrete Fütterinteraktion zwischen Mutter und Säugling, kindliche maladpative Lernerfahrungen im Zusammenhang mit der Füttersituation, die Wechselwirkung zwischen Fütterinteraktion und kindlichen sowie mütterlichen Belastungen und die für die Mutter mit der Füttersituation verbundenen Phantasien, Ängste und Erwartungen sind daher ätiologisch wie diagnostisch von wesentlicher Bedeutung (Boddy u. Skuse 1994, Berger 1990, Chatoor et al. 1997, Hagekull et al. 1997, Sanders et al. 1993, Wolke et al. 1990). Dabei ist eine deskriptive Differenzierung der Fütterstörungen (nicht nur der Gedeihstörungen) auf der Ebene des beobachtbaren Verhaltens und der Interaktionen wegen der zum Teil unterschiedlichen ätiologischen Bedingungen und der therapeutischen Konsequenzen durchaus sinnvoll. So können Fütterstörungen mit angstbetonter Abwehr (z. B. nach aversiver Füttererfahrung in Zusammenhang mit Sondenernährung) von solchen mit eher ablenkendem Verhalten unterschieden werden (Süss-Burghart u. Brack 1984). Hilfreich erweist sich auch die von Chatoor et al. (1985, 1997) für die ersten drei Lebensjahre vorgeschlagene entwicklungspsychopathologische Unterteilung von Fütter- und Gedeihstörungen. Der Einteilung liegen die entwicklungsphasenspezifisch unterschiedlichen Erscheinungsbilder von Fütterstörungen zugrunde:

Störungen der Homöostase (»Feeding Disorders of Homeostasis«) treten innerhalb der ersten 3 Lebensmonate auf und sind durch unregelmäßige Fütterzeiten, mangelnde Zustandsregulation des Säuglings mit Irritabilität und irregulären biologischen Rhythmen sowie durch mütterliche psychosoziale Belastungen gekennzeichnet.

Fütterstörungen mit gestörter Bindungsregulation (»Feeding Disorders of Attachment«) treten dagegen zwischen dem 2. und 8. Lebensmonat auf, die Säuglinge sind sozial wenig zugänglich, in ihrer Entwicklung eventuell leicht verzögert, und die elterliche Fürsorge für den Säugling ist wegen schwerer Psychopathologie und/oder psychosozialer Belastungen unzureichend.

Fütterstörungen mit Störungen der Individuation/Separation (»Feeding Disorders of Separation«) treten schließlich zwischen dem 6. Lebensmonat und dem 3. Lebensjahr auf und gehen mit hartnäckigem Verweigerungsverhalten des Kindes, Gedeihstörung und eventuell leicht verzögerter motorischer Entwicklung und/oder expressiver Sprachentwicklung einher. Das elterliche Fütterverhalten ist infolge der großen Angst um das kindliche Gedeihen durch die Forcierung der Fütterung Zwangsanwendung, wechselnde Nahrungsangebote und zahlreiche Ablenkungsversuche gekennzeichnet.

Auch hier sind grundsätzlich dieselben diagnostischen Schritte erforderlich wie bei exzessivem Schreien und Schlafstörungen im Säuglingsalter (Tabelle 3). Anamnestisch sollten besonders Eßstörungen in der Kindheit der Mutter sowie die Phantasien, Ängste und Erwartungen der Mutter/Eltern in Zusammenhang mit der Füttersituation erfaßt werden. Im Rahmen einer detaillierten *Still- und Ernährungsanamnese* sollte erfragt werden, wie das Stillen verlief und wie es von der Mutter erlebt wurde, in welchem Alter welche Kost angeboten wurde, ob und wie diese vom Säugling akzeptiert wurde, wie sich die Eßfertigkeiten (Kauen, selbständiges Essen etc.) entwickelten und auf welche Weise Signale von Hunger oder Sättigung für die Eltern erkennbar sind. Untersuchungen weisen darauf hin, daß gedeihgestörte Säuglinge in ihren Verhaltenssignalen bezüglich Hunger/Sättigung unklarer und damit für die Eltern schwerer »zu lesen« sind als nicht gedeihgestörte Vergleichskinder (Mathisen et al. 1989). Die Beurteilung, inwieweit es sich bei Fütterproblemen tatsächlich um Abweichungen von einem altersentsprechenden kindlichen Fütterverhalten handelt, setzt eine genaue Kenntnis der Entwicklungsdynamik früher Eß- und Fütterfertigkeiten, ihrer Variabilität wie auch ihrer Eingebundenheit in die kognitive und sozial-emotionale Entwicklung des Säuglings und Kleinkindes voraus (Wolke u. Skuse 1992). *Fütterprotokolle* helfen, Nahrungsmenge, -dauer sowie das jeweilige Fütterverhalten zu dokumentieren.

Im Zentrum der Diagnostik steht auch bei den Fütterstörungen die *videographierte Beobachtung der Fütterinteraktion*. Diese sollte möglichst in einer dem Kind nicht zu fremden Umgebung, zumindest mit den gewohnten Eßutensilien und vertrauten Speisen erfolgen. Die Videoaufzeichnung ist im Hinblick auf die Feindiagnostik von Interaktionsauffälligkeiten sinnvoll und kann im Rahmen der Intervention gemeinsam mit den Eltern besprochen und diskutiert werden (s. u.).

Neben der Beobachtung der Füttersituation sollten stets auch Interaktionen in anderen altersrelevanten Kontexten (Spiel,

Grenzsetzungen, Pflege etc.) beurteilt werden, um einzuschätzen, inwieweit es sich um eine isolierte Fütterinteraktionsproblematik oder um eine kontextübergreifende Interaktionsstörung handelt.

Unerläßlich ist eine genaue *Erhebung anthropometrischer Daten*, vor allem des Gewichtsverlaufs in den Monaten vor der Vorstellung, um die Frage einer mit der Fütterstörung assoziierten Gedeihstörung zu klären. Ergibt die klinisch-pädiatrische Untersuchung sowie die orientierende Labordiagnostik (Blutbild, Elektrolyte, Nieren- und Leberwerte) keine organische Ursache der Fütter-/Gedeihproblematik, so wird die Wahrscheinlichkeit, daß sich eine solche bei weiter gehender, apparativer und invasiver Diagnostik findet, bei maximal 1 % angesetzt (Berwick et al. 1982). Grundsätzlich sollten bei der Diagnostik aber erkennbare gastrointestinale oder extra-gastrointestinale Erkrankungen, die mit Appetitlosigkeit, Erbrechen, Nahrungsverweigerung oder Gedeihstörungen einhergehen können (siehe Tabelle 3), auch in Erwägung gezogen werden. Für eine eingehende Differentialdiagnostik sei hier auf die gängigen pädiatrischen Lehrbücher verwiesen.

Therapeutische Möglichkeiten

Eine umfassende Darstellung des therapeutischen Modells, wie es in der »Münchner Sprechstunde für Schreibabys« angewendet wird, aus der wesentliche Erfahrungen in diesem Beitrag stammen, findet sich im Beitrag von Mechthild Papoušek.

Ein stützendes psychotherapeutisches Umfeld, in dem auch ambivalente elterliche Gefühle, Enttäuschungen und Vernachlässigungs- oder Mißhandlungsimpulse ohne Schuldzuweisung artikuliert und zugelassen werden können, erweist sich häufig als Basis aller weiteren Interventionen.

Psychosoziale Belastungen sollten soweit wie möglich vermindert werden, indem das unmittelbare soziale Umfeld als Ressource mobilisiert wird (z. B. durch Einbezug des Vaters und/oder anderer stabilisierender Personen). Maßnahmen zur

Tabelle 3: Ätiologische Faktoren und diagnostische Maßnahmen bei Fütter- und Gedeihstörungen im Säuglingsalter

Ätiologische Faktoren	Diagnostische Maßnahmen
Kind	
– Unreife der Verhaltensregulation (Frühgeburtlichkeit oder konstitutionell)	– Anamnese, pädiatrische Untersuchung, Verhaltensbeobachtung
– Temperament	– Fragebögen, Verhaltensbeobachtung
– Organische Belastungen	– Anthropometrie
– mundmotorische/neurologische Probleme	– Pädiatrisch-entwicklungsneurologische Untersuchung, Fütterbeobachtung
– Gastroösophagealer Reflux	– Oberbauchsonographie, pH-Metrie
– Leber, Nieren-, Stoffwechsel-, endokrine, kardiologische, genetische Störungen	– weiterführende Labor- und apparative Diagnostik
Mutter	
– Psychische Belastungen/ Ängste/ Psychopathologie – Erziehungseinstellungen – Soziale Unterstützung – Kindheitserlebnisse, Eßstörungen in der Kindheit	– Tiefenpsychologisches Interview, Anamnese, Fragebogen, Psychiatrische Untersuchung
Familiäres System	
– Maladaptive Lernerfahrungen bezüglich Füttersituation	– Fütterinteraktion
– Eltern-Kind-Beziehung und -Interaktion	– Interaktionsbeobachtung in weiteren altersrelevanten Kontexten
– Partnerschaftsbeziehung	– Anamnese, Fragebogen
– Beziehung zur Herkunftsfamilie	– Anamnese

Strukturierung des Tagesablaufs sollten erörtert werden. Auf diese Weise können für die oft chronisch erschöpfte Mutter wichtige Entlastungsmöglichkeiten und Freiräume geschaffen werden (Papoušek 1997).

Mit den Eltern sollte besprochen werden, wie sie die reifungsabhängigen Fähigkeiten des Säuglings zur Selbstberuhigung und Selbstregulation erkennen und fördern können. Dabei sollten die Eltern auf der Interaktionsebene im sensitiven Entziffern von und im angemessenen Umgang mit kindlichen Verhaltenssignalen, insbesondere Signalen der Überlastung, Überstimulation oder fehlenden Interaktionsbereitschaft, unterstützt werden. Indem andererseits entspannte, spielerische Interaktionen zwischen Eltern und Säugling, zunächst im geschützten Rahmen des therapeutischen Kontextes, ermöglicht und gefördert werden, können die Eltern, oft nach langer Zeit das erste Mal wieder, das so wichtige, positive Feedback im dialogischen Austausch mit ihrem Kind erleben.

Bei exzessivem Schreien ist für die Eltern das gemeinsam erfolgende Erproben individuell angepaßter Beruhigungsstrategien während akuter Schrei- und Unruhephasen hilfreich und entlastend. Modifikationen der elterlichen Einschlafinteraktion (Ferber 1987, Richman et al. 1985) sind bei Schlafstörungen in der Regel rasch effektiv. Sie setzen aber eine psychotherapeutische Vorbereitung und Unterstützung sowie enge Begleitung der Eltern während der Modifikation voraus, da von diesen eine erhebliche, für viele ungewohnte Konsequenz in der Durchführung verlangt wird. Nicht selten werden im Zusammenhang mit solchen Verhaltensmodifikationen elterliche Ängste und Ambivalenzen aktiviert, die dann therapeutisch zu bearbeiten sind, um einen Erfolg zu ermöglichen oder aufrechtzuerhalten. Durch die Modifikation sollen auch hier die selbstregulatorischen Kompetenzen des Säuglings verbessert werden, so daß es ihm gelingt, ohne elterliche Regulationshilfen (wieder) einzuschlafen.

Fütterstörungen gehen nicht selten mit tiefer liegenden psychodynamischen Konfliktkonstellationen bei den primären Bezugspersonen des Säuglings (meistens der Mutter) einher (Benoit et al. 1989, Berger 1990, Dunitz u. Scheer 1991). Die Modifikation der Fütterinteraktion auf der Verhaltensebene bringt dennoch oft eine rasche und wesentliche Entlastung der Mutter. Das gemeinsame Betrachten und Besprechen der videographierten Fütterinteraktionen und der damit verbundenen mütterlichen/elterlichen Affekte, Phantasien und Befürchtungen im therapeutischen Kontext kann relevante Verbindungen zu tiefer liegenden innerpsychischen Konfliktkonstellationen der Eltern herstellen und so erst eine Öffnung für längerfristige psychotherapeutische Interventionen ermöglichen.

Bei Hinweisen auf eine neuromotorische Unreife und/oder spezielle sensorische Auffälligkeiten des Säuglings sind je nach Symptomatik Physiotherapie, Ergotherapie und/oder Anleitungen zum adäquaten »Handling« des Säuglings indiziert.

Begleitende oder ursächliche somatische Faktoren sollten in der Therapie von Regulationsstörungen ausreichend berücksichtigt werden (z. B. medikamentöse Therapie eines GÖR, Diät bei Nahrungsmittelallergie). Bei schweren »Koliken« (Erbrechen/ Durchfälle), hohem Atopierisiko (Verwandte ersten Grades mit Atopien) oder manifesten Atopien ist ein Milchwechsel auf eine teilhydrolisierte, besser noch auf eine vollhydrolisierte Säuglingsmilch bei flaschenernährten Säuglingen beziehungsweise eine kuhmilchfreie Ernährung der Mutter bei gestillten Säuglingen sinnvoll. Milchwechsel sollten allerdings, wenn irgend möglich, unter kontrollierten Bedingungen erfolgen, das heißt auf eine von Eltern und Arzt dokumentierte Besserung des Verhaltens (Verhaltenstagebücher) sollte eine (ebenfalls dokumentierte) erneute Verschlechterung nach Provokation mit Kuhmilch folgen. Wiederholte Nahrungsumstellungen im Säuglingsalter können noch Jahre später mit einer veränderten elterlichen Wahrnehmung des Kindes (erhöhte kindliche Vulnerabilität) einhergehen (Forsyth u. Canny 1991).

Das beschriebene interdisziplinäre Vorgehen erweist sich bei den meisten Familien innerhalb weniger Sitzungen als erfolgreich (Papoušek et al. 1994, Barth 1995). Dies hängt wesentlich mit den intensiven und rasch ablaufenden Entwicklungs- und Reifungsprozessen des Säuglingsalters sowie den damit verbundenen Veränderungen des kindlichen Verhaltens zusammen.

Wenn die mütterlichen/elterlichen Wahrnehmungen und Interpretationen des kindlichen Verhaltens allerdings deutlich beeinträchtigt oder verzerrt sind (z. B. bei elterlicher Psychopathologie), die intuitiven elterlichen Kompetenzen schwerwiegend eingeschränkt sind und/oder die kindliche Störung bereits lang dauernd oder pervasiv ist (länger als drei Monate, mehr als zwei Regulations- oder Interaktionskontexte betreffen), sollte eine umfassendere, über wenige Sitzungen hinausgehende Eltern-Säuglings-Psychotherapie, eventuell auch in Verbindung mit einer Einzel- oder Paarpsychotherapie der Eltern erwogen werden.

Die hohe psychosoziale und psychische Belastung vieler betroffener Familien (Papoušek u. v. Hofacker 1995) sowie die erhebliche Persistenzrate beispielsweise unbehandelter Schlafstörungen (Wolke et al. 1995) verdeutlichen, daß Säuglinge mit Regulationsstörungen eine Risikogruppe darstellen. Erste Nachuntersuchungen zeigen, daß regulatorisch auffällige Säuglinge gehäuft in späteren Entwicklungsphasen erneut in ihrer Verhaltensregulation entgleisen und Verhaltensprobleme aufweisen (DeGangi et al. 1993, Rautava et al. 1995, v. Hofacker et al. 1997). Regulationsstörungen im Säuglingsalter sollten daher von allen Berufsgruppen, an die sich betroffene Familien wenden, ernst genommen werden. Häufig wird der spezifische Anteil, den der Säugling in seiner organischen und konstitutionellen Disposition zu solchen Problemen beiträgt, nur mangelhaft berücksichtigt. Ein interdisziplinärer diagnostischer und therapeutischer Ansatz kann verhindern, daß Eltern Opfer vorschneller Ursachenzuschreibungen werden (»mother-blaming«). Pädiatrisch-psychotherapeutische Interventionen im Säuglingsalter sind im Hinblick auf das unmittelbare Vernachlässigungs- und Mißhandlungsrisiko, dem »schwierige Säuglinge« in psychosozial belasteteten Familien ausgesetzt sind, sowie das langfristige Risiko, sozial-emotionale Probleme zu entwickeln (Bates u. Bayles 1988, Frodi 1985, Laucht et al. 1996), von präventivem Nutzen. Sie sind zudem wegen ihrer oft raschen und präventiven Wirksamkeit ökonomisch und kostensparend.

Renate Barth

Psychotherapie und Beratung im Säuglings- und Kleinkindalter

Einführung

Die klinische Sichtweise von Problemen im Säuglings- und Kleinkindalter hat sich sehr verändert. Störungen wie exzessives Säuglingsschreien, Schlaf- und Fütterprobleme, übermäßige Wutanfälle und so weiter werden nicht mehr vorwiegend als Symptom einer Person betrachtet, sondern als Ausdruck einer *Beziehungsproblematik* (Keller 1989; Papoušek 1997; Sameroff u. Emde 1989; Stern 1995; Zeanah 1993). Auch bei primär organisch bedingten Erkrankungen wird die Qualität der Eltern-Kind-Beziehung als wichtige Einflußgröße für die weitere Entwicklung der Kinder gesehen (Meisels u. Shonkoff 1990).

Diese beziehungsfokussierte Betrachtung weicht in so fundamentaler Weise von der traditionellen, personenfokussierten ab, daß Stern (1995) von einer neuen klinischen Population spricht. Klient (bzw. Patient) ist nicht mehr allein das Kind, noch allein die Mutter oder der Vater. Klient (bzw. Patient) ist nicht mehr eine Person, sondern eine Beziehung, nämlich die dyadische oder triadische Beziehung zwischen Eltern und Kind. Die neue klinische Population läßt sich folgendermaßen charakterisieren:

- Es handelt sich um eine asymmetrische Beziehung zwischen einem sehr jungen, auf Hilfe angewiesenen Säugling und seinen sich für ihn in besonderer Weise verantwortlich fühlenden Eltern. Der reiche Erfahrungsschatz der Eltern trifft auf ein Gegenüber mit einem minimalen, aber sich schnell entwickelnden Erfahrungshintergrund.

- Eltern-Kind-Interaktionen finden vorwiegend auf vorsprachlicher Ebene statt. Papoušek und Papoušek (1981) haben auf seiten der Eltern universelle Verhaltensmuster identifiziert, die es ihnen ermöglichen, ihr Kommunikationsverhalten intuitiv an den regulatorischen, integrativen und kommunikativen Bedürfnissen und Fähigkeiten ihres Säuglings zu orientieren und so seine Entwicklungsprozesse zu unterstützen. Das Kind ist dabei kein passiver Teilnehmer der Beziehung, sondern es gestaltet sie durch seine individuellen Eigenschaften und Kompetenzen von Geburt an aktiv mit (Brazelton 1984; Papoušek u. Papoušek 1979; Übersicht z. B. bei Dornes 1993).
- Eine mögliche Schwierigkeit für Eltern liegt darin, daß sie das Befinden und die Bedürfnisse ihres kindlichen Interaktionspartners nicht erfragen können. So bleibt ihnen als Anhaltspunkt nur die Interpretation seines Verhaltens. Dabei orientieren sie sich nicht nur an dem, was der Säugling (oder Fötus) tatsächlich tut, sondern sie verleihen der geringsten Regung eine subjektive Bedeutung, und im Sinne dieser hineininterpretierten Bedeutungen reagieren sie (Brazelton u. Cramer 1991; Fraiberg 1980).
- Mütter befinden sich in den ersten Monaten und vielleicht Jahren nach der Geburt in einer besonderen psychischen Verfassung, der »motherhood constellation« (Stern 1995), die sie in spezifischer Weise denken, fühlen und handeln läßt. Dabei geht es um eine innere Auseinandersetzung mit folgenden Themen: 1. Ist die Mutter in der Lage, das Leben und Wachstum ihres Babys zu gewährleisten (»life-growth theme«)? 2. Kann sie in authentischer Weise eine emotionale Beziehung zu ihrem Baby aufbauen (»primary relatedness theme«)? 3. Gelingt es ihr, ein soziales Unterstützungssystem aufzubauen und aufrechtzuerhalten (»supporting matrix theme«)? 4. Kann sie sich in ihrer Identität so verändern, daß sie die genannten Funktionen erfüllen kann (»identity reorganization theme«)?

- Der Säugling strebt danach, besondere, nicht austauschbare Beziehungen (Bindungen) zu den primären Bezugspersonen aufzubauen, und Eltern reagieren darauf mit einem entsprechenden Fürsorgeverhalten (Ainsworth 1978; Bowlby 1969, 1988; Grossmann u. Grossmann 1994; Spangler u. Zimmermann 1995).
- Die frühe Säuglings- und Kleinkindzeit ist durch rapide ablaufende Entwicklungsprozesse gekennzeichnet, so daß Eltern und Kind in dieser Zeit mit ständig wechselnden Themen und Adaptationsaufgaben konfrontiert sind.
- Beziehungen werden durch günstige oder ungünstige Umfeldbedingungen (wie sozioökonomische Faktoren, Unterstützungssysteme) gefördert oder erschwert (Stern 1995).

Die neue klinische Population erfordert neue Behandlungsansätze (Stern 1995). Pionierin auf diesem Gebiet war Selma Fraiberg (1980), die »Mutter« der Eltern-Säuglings-Psychotherapie. Sie argumentierte, daß der Schlüssel zur Prävention psychischer Störungen im späteren Kindes-, Jugend- und Erwachsenenalter in der Behandlung früher Probleme der Eltern-Kind-Beziehung zu suchen sei (vgl. auch Fonagy 1996). Ihr primär auf Hausbesuchen basierender Behandlungsansatz für Familien mit vielen psychosozialen Belastungsfaktoren stellt eine Verknüpfung neuester entwicklungspsychologischer Erkenntnisse der ersten Lebensjahre mit psychoanalytischem Gedankengut dar. Bei Notwendigkeit beinhaltet er auch konkrete unterstützende Maßnahmen wie zum Beispiel die Begleitung der Eltern zur ärztlichen Untersuchung des Kindes.

Inzwischen liegen vielfältige Behandlungsmodelle für die neue klinische Population vor (Übersicht z. B. bei Fonagy 1996; Lojkasek et al. 1994; Meisels u. Shonkoff 1990; Stern 1995; Zeanah 1993). Sie richten sich beispielsweise an Eltern mit frühgeborenen Babys (Spiker et al. 1993), an psychisch kranke Eltern und ihre Kinder (Hartmann 1997; Murray u. Cooper 1997), an Eltern mit exzessiv schreienden Säuglingen (Papoušek et al. 1994) oder an Familien mit vielen Risikokonstellationen (Barth 1994; Hardy u. Streett 1989; MacMillan et al.

1994; Weatherston u. Tableman 1989). Ein großer Teil der Programme bietet Interventionen in Form von Hausbesuchen an und berücksichtigt auch lebenspraktische Belange der Familien (Olds u. Kitzman 1990). Manche Beratungsangebote setzen bestimmte Qualifikationen ihrer Mitarbeiterinnen und Mitarbeiter voraus, andere beziehen auch Laienhelfer ein (Cox 1993). Behandlungskonzepte können als Kurzzeittherapien angelegt sein (Robert-Tissot et al. 1996) oder Familien über lange Zeiträume hinweg begleiten (Lieberman u. Pawl 1993; Weatherston u. Tableman 1989). Auch die therapeutische Orientierung der Ansätze unterscheidet sich und kann beispielsweise eher systemisch, verhaltenstherapeutisch oder psychoanalytisch orientiert sein (Stern 1995). Während einige Interventionen darauf abzielen, das beobachtbare interaktive Verhalten zu verändern (Frascarolo et al. 1996; McDonough 1993), geht es bei anderen stärker um eine Modifikation der Repräsentanzen (Brazelton u. Cramer 1991; Lieberman u. Pawl 1993). Zwischen Verhalten und Repräsentanzen besteht eine dynamische Wechselwirkung (Robert-Tissot et al. 1996; Stern 1995). Ändert sich beispielsweise die Repräsentanz der Mutter, indem sie erkennt, daß ihr Baby bei ihrem Weggehen nicht aus Ärger schreit, sondern weil es nicht gut genug an die neue Betreuungsperson gewöhnt wurde und sein Bindungsverhalten deshalb aktiviert ist, wird sich ihr Verhalten ändern. Dies wiederum wird einen Einfluß auf das Verhalten und die Repräsentanzen des Kindes haben. Oder umgekehrt: Verändert sich als erstes das Verhalten der Mutter, macht das Baby eine andere Erfahrung und wird sich seinerseits anders verhalten. Das wiederum wird einen Einfluß darauf haben, wie die Mutter ihr Baby erlebt, und das Baby wird die Mutter in einem anderen Licht sehen.

Im folgenden soll die Beratungsstelle »MenschensKind« dargestellt werden. Mit der Münchner Sprechstunde für Schreibabys (Papoušek et al. 1994) gehörte sie zu den ersten spezialisierten Beratungseinrichtungen für Eltern mit Säuglingen und Kleinkindern in Deutschland, die den Fokus der Behandlung auf die Eltern-Kind-Beziehung legen. Interventionen können je nach Indikation sowohl auf der Verhaltensebene stattfinden als auch auf der Ebene der Repräsentanzen oder in beiden Bereichen gleichzeitig.

Die Beratungsstelle »MenschensKind« für Eltern mit Säuglingen und Kleinkindern

Die Beratungsstelle »MenschensKind« wird von der Freien und Hansestadt Hamburg im Rahmen des »Sozialen Brennpunkteprogramms« als Einrichtung zur Prävention von Kindesmißhandlung und Kindesvernachlässigung gefördert. Sie wurde nach einjähriger Planungsphase im Oktober 1993 eröffnet und bietet Diagnostik, Beratung und Therapie für Eltern mit Kindern von 0 bis 3 Jahren.

Beschreibung der Klientel

Die am häufigsten genannten Anmeldegründe sind Schlafstörungen, exzessives Säuglingsschreien (Barth 1995), explizite Probleme in der Eltern-Kind-Beziehung (z. B. geäußert als »mein Kind mag mich nicht«) und kindliche Wutanfälle. Aber Familien kommen auch wegen Partnerschaftskonflikten, Fütterstörungen, psychischen Störungen der Eltern (z. B. postnatalen Depressionen), Kindesmißhandlung und vielem mehr. Die Beratungsstelle wird vorwiegend von Familien mit sehr jungen Kindern frequentiert. Es handelt sich bei über 70 % um Babys im ersten Lebensjahr. Familien haben auf mehr als zwanzig verschiedenen Wegen von der Beratungsmöglichkeit erfahren. Am häufigsten kommen sie über Mund-zu-Mund-Propaganda anderer Klienten oder auf Empfehlung von Kinderärzten, Familienbildungsstätten oder Hebammen. Ein großer Teil erreicht die Beratungsstelle auch über Medienmitteilungen, Informationsträger (wie Faltblätter und Türschild) oder über Mütterberatungsstellen.

Konzept

Beim Aufbau der Beratungsstelle wurde antizipiert, daß das Konzept von Fraiberg (1980), mit dem die Autorin langjährige Erfahrungen in Australien gesammelt hatte (Barth u. Warren 1993; Barth 1994), nicht ohne weiteres auf Hamburger Verhältnisse übertragbar sein würde. »MenschensKind« bot deshalb anfänglich zwar Interventionen nach dem Fraiberg-Modell an (Hausbesuche, Langzeitbehandlungen), war aber anderen Interventionsbedürfnissen gegenüber offen und bereit, gegebenenfalls konzeptuelle Änderungen vorzunehmen. Um eine mögliche Stigmatisierung zu vermeiden, wurde bei der Bekanntmachung des Beratungsangebots die Position vertreten, daß der Übergang zur Elternschaft und die ersten Wochen und Monate mit einem Baby eine Zeit großer Veränderungen und Anpassungsaufgaben darstellt, in der es »normal« ist, Fragen oder Probleme zu haben und Hilfsangebote in Anspruch zu nehmen.

In der Tat erwiesen sich konzeptuelle Änderungen als erforderlich. Die meisten um Beratung nachsuchenden Familien zeigten wenig Bereitschaft, sich auf einen längerfristigen therapeutischen Prozeß mit Hausbesuchen einzulassen. Sie kamen mit festumrissenen Problemen (wie exzessivem Säuglingsschreien oder Schlafstörungen) und verabschiedeten sich, sobald diese gebessert waren. Dies war oft schon nach wenigen Sitzungen der Fall. Ein Teil der Familien meldete sich einige Zeit später erneut zur Beratung an und blieb wieder nur für einige Sitzungen. Dieser Prozeß konnte sich mehrmals wiederholen. Das heißt Kurzzeittherapien (von bis zu 10 Sitzungen), oft in sequentieller Form, entwickelten sich zum am häufigsten in Anspruch genommenen Behandlungsmodus der Beratungsstelle »MenschensKind«.

Diese Kurzzeittherapien erheben nicht den Anspruch, umfassend alle Probleme beheben zu wollen, sondern es wird ganz selektiv der Punkt fokussiert, an dem die Eltern-Kind-Beziehung zum gegebenen Zeitpunkt belastet ist, um sie wieder »in Fluß« zu bringen. Am Ende einer solchen Behandlungssequenz werden die Eltern ausdrücklich auf die Möglichkeit hingewiesen, daß sie sich zu einem späteren Zeitpunkt erneut an »MenschensKind« wenden können, sollten weitere Probleme auftauchen. Manchmal kann es sinnvoll sein, Eltern anzubieten, ihr Kind zu entscheidenden Entwicklungszeitpunkten – Brazelton (1992) spricht von »touchpoints« – wieder in der Beratungsstelle vorzustellen.

Erstkontakt

Die gesamte Familie wird zum Erstgespräch einbestellt, explizit auch der Vater. So wird das Problem von Anfang an als etwas definiert, das die gesamte Familie angeht. Die Erfahrung zeigt, daß ein großer Teil der Väter dieser Einladung folgt, obwohl die Mütter diesbezüglich bei der telefonischen Anmeldung manchmal skeptisch sind.

Die Gespräche werden anfangs wenig strukturiert, so daß sich in der Sitzung, durch die je eigene Darstellung der Familie, die emotional bedeutsame Geschichte und Problematik entfalten kann. Manche Eltern berichten als erstes von der Geburt, andere von Konflikten mit dem Partner oder der Ursprungsfamilie, und wieder andere mögen die vielen der Schwangerschaft vorausgegangenen Hormonbehandlungen in den Vordergrund stellen. Auch ein zuvor gestorbenes Kind kann im Zentrum des Erstgesprächs stehen, selbst wenn als Anmeldegrund ursprünglich das danach geborene Kind angegeben wurde. Erst im weiteren Gesprächsverlauf werden gezielt Informationen über Schwangerschaft, Geburt, Partnerschaft und Familiensituation erhoben. Ergeben sich Hinweise darauf, daß Eltern das Verhalten ihres Kindes in stark projektiv verzerrter Weise wahrnehmen (ein zweimonatiges Baby z. B. als sie absichtlich tyrannisierend), wird nach dem lebensgeschichtlichen Hintergrund der Eltern gefragt. Gesprächsbegleitend findet eine orientierende Einschätzung des psychomotorischen Entwicklungsstandes des Kindes und der psychischen Befindlichkeit der Eltern statt.

Während des Gesprächs wird der Interaktion zwischen Eltern

und Kind besondere Aufmerksamkeit gewidmet. Ein Kind im Raum hat eine starke Präsenz. Auch ein Baby tritt schon in den Dialog ein. Es nimmt Kontakt auf und kommuniziert, wie es sich fühlt, ob es geschätzt, verstanden und in seinen Bedürfnissen befriedigt wird oder ob das nicht der Fall ist (Fraiberg 1980). Es teilt auf seine Weise mit, wie es ihm geht und was es möchte. Oft verstehen die Eltern intuitiv, was das Kind »sagen« will, und sie reagieren in angemessener Weise, indem sie es anlächeln und mit ihm reden, wenn es sich unterhalten möchte, es wickeln, wenn es naß ist, es füttern, wenn es Hunger hat. Manchmal interpretieren sie die kindlichen Signale in verzerrter Art und Weise, oder sie reagieren überhaupt nicht, und das Kind bekommt keine zufriedenstellende Antwort. Das heißt, wenn ein Baby anwesend ist, wird nicht nur über das Problem *geredet*, sondern es wird im Hier und Jetzt in Szene gesetzt. In der Beratung wird davon ausgegangen, daß alle Beteiligten im Raum etwas Wesentliches zu sagen haben, auch das Baby. Falls nötig, macht sich die Therapeutin zur »Sprecherin« des Babys, indem sie sein Verhalten kommentiert oder, wenn Eltern seine Signale ignorieren, beispielsweise fragt, was das Baby wohl gerade zum Ausdruck bringen möchte.

Behandlungsansätze

Die im folgenden getrennt voneinander dargestellten Behandlungsansätze sind in der praktischen Arbeit oft eng miteinander verwoben. Sie orientieren sich an Erkenntnissen der Entwicklungspsychologie, Psychoanalyse und Familientherapie. In der Regel nehmen Eltern und Kind gemeinsam an den Sitzungen teil.

Entwicklungspsychologische Beratung

Diese Behandlungsform ist die Methode der Wahl bei »hinreichend fürsorglichen« Eltern (Winnicott 1990), die sich zu einem gegebenen Zeitpunkt mit bestimmten Aspekten des kindlichen Verhaltens überfordert fühlen. Dabei kann es sich beispielsweise um eine einfache Schlafstörung handeln oder um plötzliches Fremdeln, aggressive Reaktionen auf die Geburt eines Geschwisters oder um Fragen des Übergangs in eine Tagesbetreuungseinrichtung. Diese Eltern profitieren in der Regel schnell von entwicklungspsychologisch orientierten Interpretationen der kindlichen Erlebnis- und Verhaltensweisen, und es fällt ihnen dann meist leicht, neue Interaktionsformen mit dem Kind zu entwickeln. Manchmal kann der Erstkontakt durch verbessertes Verstehen der kindlichen Signale schon die gesamte Intervention beinhalten. Wie die folgende Fallvignette verdeutlicht, war dies bei Herrn und Frau A. und ihrem Kind der Fall.

Fallvignette 1

Herr und Frau A. beschrieben ihre fünfzehn Monate alte Tochter bei der Anmeldung als hyperaktiv. Das Kind sei unzufrieden und jammere ständig. Spielen könne es auch nicht richtig. Es wende sich hektisch immer neuen Dingen zu und verliere nach kürzester Zeit das Interesse an ihnen. Außerdem stolpere es über seine eigenen Beine und hänge viel an Mutters Rockzipfel. In der Sitzung sah man zunächst ein ausgeglichenes Kind, das sich anfangs – wie in dem Alter zu erwarten – stärker den Eltern zugewandt beschäftigte, später aber den Raum erkundete und auch mit der Therapeutin Kontakt aufnahm. Gegen Ende der Sitzung wurde das Kind unruhiger. Es spielte nicht mehr allein, sondern wollte auf den Schoß. Sobald es auf dem Schoß saß, wollte es wieder runter. Es verlangte nach der Flasche, schob sie kurze Zeit später aber wieder beiseite und quengelte. Dann nahm es sich Spielsachen, war damit aber auch nicht zufrieden. »Sehen Sie«, sagten die Eltern »das ist das Problem. So ist sie immer, nichts ist richtig.« Die Therapeutin kommentierte, daß im Verhalten des Kindes in der Tat ein Wechsel stattgefunden hatte. Das zunächst ausgeglichen wirkende kleine Mädchen hatte sich zunehmend unzufriedener und quengeliger gezeigt. Es entspann sich ein Gespräch über mögliche Ursachen des veränderten Verhaltens. Nach dem Schlafverhalten des Kindes gefragt, sagten die Eltern: »Unsere Tochter ist nie müde. Den ganzen Tag will sie nur spielen. Sie ist immer in Aktion.« Im weiteren Verlauf der Sitzung wurde herausgearbeitet, daß die Eltern die Müdigkeitssignale ihres Kindes nicht als solche, sondern als Ausdruck von Hyperaktivität interpretiert hatten. Als Herr und Frau A. eine Woche später wiederkamen, berichteten sie, daß ihr Kind viel zufriedener sei. Es schlafe mehr und werde von ihnen nicht mehr als hyperaktiv wahrgenommen.

Angeleitete Eltern-Säuglings-Übungssitzungen

Für Eltern mit exzessiv schreienden Säuglingen bis zu vier Monaten hat die Autorin die Behandlungsform der angeleiteten Eltern-Säuglings-Übungssitzungen entwickelt. Sie beruht auf der klinischen Erfahrung, daß diese Mütter oder Väter häufig von unangemessenen Erklärungsmodellen ausgehen oder gar keine Vermutung darüber haben, warum ihr Baby soviel weint. Bei der Anmeldung werden die Eltern zu einer zweistündigen Sitzung einbestellt, und zwar nach Möglichkeit zu einer Tageszeit, in der die Wahrscheinlichkeit hoch ist, daß das Kind viel quengelt oder schreit. Dieses Vorgehen wird in etwa folgendermaßen begründet: »Das Schreien ist eine von vielen Ausdrucksmöglichkeiten des Babys, das aber oft erst dann eingesetzt wird, wenn ›weichere‹ Zeichen unbeantwortet geblieben sind. Ich schlage vor, daß wir uns einmal genügend Zeit nehmen, um herauszufinden, was Ihr Baby durch sein Schreien eigentlich ›sagen‹ will, denn nur wenn Sie das wissen, können Sie etwas Spezifisches tun, um ihm zu helfen.«

In den Sitzungen versuchen Eltern unter Anleitung, ihr Kind besser verstehen (»lesen«) und beruhigen zu lernen. Das heißt, sie werden im Sinne der Bindungstheorie im Hier und Jetzt unterstützt, die Signale ihres Babys frühzeitig wahrzunehmen und richtig zu interpretieren, um dann angemessen und prompt reagieren zu können (Ainsworth 1978; Bowlby 1969; 1988; Grossmann 1977). Dazu ist es notwendig, die verschiedenen Verhaltenszustände des Babys, wie Tiefschlaf, Leichtschlaf, Halbschlaf, wacher/aufmerksamer Zustand, quengeliger Zustand und Schreien besser erkennen beziehungsweise interpretieren zu können, denn die Reaktionen eines Babys sind nur vor dem Hintergrund seines jeweiligen Verhaltenszustands verständlich (Brazelton 1984). Selbst Neugeborene sind »berechenbar«, wenn man ihre Verhaltenszustände berücksichtigt (sie z. B. nicht stimuliert, wenn sie sich gerade im Halbschlaf befinden). Ist das Baby in einem wachen/aufmerksamen Zustand, wird vorgeschlagen, Zwiegespräche mit ihm zu halten (Papoušek u. Papoušek 1981). Zeigt es die ersten Anzeichen einer Veränderung seines Verhaltenszustands (z. B. von wacher Aufmerksamkeit zu vermehrter motorischer Unruhe oder Quengeln), werden die Eltern angeleitet, Hypothesen darüber zu bilden, was das Kind »sagen« möchte, um dann entsprechend reagieren zu können. Das heißt zu füttern, wenn das Baby hungrig ist, seine Fähigkeiten zu unterstützen, allein im Bett einzuschlafen, wenn es Müdigkeitssignale zeigt, und so weiter. Dieses Vorgehen steht in deutlichem Gegensatz zu den verbreiteten unspezifischen Beruhigungsbemühungen, ein Baby, das quengelt oder schreit, beispielsweise immer zu stillen, herumzutragen oder im Kinderwagen spazierenzufahren.

Eltern-Säuglings-Psychotherapie

Führt eine entwicklungspsychologische Beratung oder angeleitete Eltern-Säuglings-Übungssitzung nicht innerhalb kurzer Zeit zu einer Besserung der Situation oder ist augenscheinlich, daß Eltern das Verhalten ihres Kindes in stark projektiv verzerrter Weise wahrnehmen, wird die Behandlungsform der Eltern-Säuglings-Psychotherapie angewandt. Hierbei geht es, wie Fraiberg (1980) so anschaulich schreibt, um die Identifizierung und Bearbeitung von »Gespenstern im Kinderzimmer«, die als »Besucher aus der nicht erinnerten Vergangenheit der Eltern«, als »nicht geladene Gäste auf der Taufe«, ihr Unwesen treiben und die Beziehung zum Kind stören.

Die »Gespenster« aus der elterlichen Vergangenheit können in vielfältiger Gestalt erscheinen. Dies soll im folgenden anhand von drei Fallvignetten bei einer Symptomatik veranschaulicht werden. In allen drei Fällen litten die Säuglinge an Schlafstörungen. Die Eltern hatten wiederholt versucht, ihren Kindern beizubringen, allein einzuschlafen. Es war ihnen nicht gelungen. Das Zubettgehen war immer noch mit stundenlangem Geschrei, Streß und vielfältigen elterlichen Interventionen (wie Flasche geben, Kind herumtragen, es schaukeln, streicheln, mit ihm auf einem großen Ball herumhopsen) verbunden.

Was hinderte diese Eltern daran, ihre Kinder allein einschlafen zu lassen? Welche Phantasien, Erinnerungen, Impulse wurden dabei aktiviert? Um dies zu ergründen, wurden sie in den Sitzungen aufgefordert, ihren Assoziationen, bezogen auf das spezifische Problem, zu folgen. Alles, was ihnen dabei einfiel, sollte nach Möglichkeit ausgesprochen werden, wurde erklärt, auch wenn die Zusammenhänge im Moment noch nicht verstehbar waren (Freud 1913b).

Fallvignette 2

Im Erstkontakt gab Frau S. an, daß ihr sechs Wochen altes Kind »den ganzen Tag« quengele oder schreie und in 24 Stunden nur zirka 9 Stunden schlafe. Selbst im Kinderwagen brülle es stundenlang. Aus diesem Grund hätten die Eltern das Haus seit der Geburt mit ihm gemeinsam erst zweimal verlassen. Das Kind schlafe nur beim Stillen ein und wache sofort weinend auf, wenn es ins Bett gelegt werde. In ihrer Verzweiflung lasse Frau S. das Kind manchmal die ganze Nacht über an der Brust, da es sich sonst »bis an die Grenze der Bewußtlosigkeit« schreie. Frau S. unternahm über die nächsten Monate hinweg viele Versuche, ihrem Kind beizubringen, allein einzuschlafen. Während der angeleiteten Eltern-Säuglings-Übungssitzungen gelang ihr dies jedesmal, aber zu Hause war das nicht der Fall.

Wenn sie das Kind ins Bett lege und das Zimmer verlasse, gehe es ihm schlecht. Nach ihren Einfällen dazu gefragt, berichtete Frau S. von ihrer Ursprungsfamilie, in der es nicht erlaubt gewesen sei, etwas getrennt von anderen zu machen. Mit der Begründung, daß die Mutter dann leide, habe sie nie die Tür eines Zimmers hinter sich schließen dürfen. So sei es außer beim Duschen nicht möglich gewesen, allein zu sein. Im Erleben von Frau S. symbolisierte das Baby die eigene Mutter. Wenn sie das Kind ins Bett legte und das Zimmer verließ, deutete sie sein Schreien als Ausdruck seines Leidens und seiner Kritik an ihren Wünschen, die Tür hinter sich zuzumachen und eigenen Bedürfnissen nachzugehen. Für Frau S. ging es bei dem Schlafproblem um Fragen von Abhängigkeit und Autonomie. Darf sie auch mal etwas für sich tun, oder fügt sie anderen damit Schaden zu? Ist es in Ordnung, zu dem Kind so etwas wie »Du schläfst, und ich gucke fern« zu sagen, oder ist zu befürchten, daß solche Wünsche mit einer Strafe geahndet werden?

Fallvignette 3

»Mein Kind quengelt, schreit und schläft nicht.« So umriß Herr U. das Problem, als er seine Familie zur Beratung anmeldete. »Das Zubettgehen ist ein ständiges Theater.« Er sei total erschöpft, erlebe sich wie einen Dienstleistungsbetrieb und bekomme eine richtige »Haßkappe« auf seine achtmonatige Tochter. Auf die Frage, woran ihn seine Gefühle erinnerten, sagte er, er erlebe das »ständige Genöhle« seines Kindes wie das »Getrietze« seiner Mutter. »Wenn ich Mutter nicht kontra gebe, bin ich ihr Wauwauchen.« Es wurde deutlich, daß der Vater das Gefühl hatte, sich selbst aufzugeben, wenn er den Wünschen seiner Tochter entgegenkam. »Wenn ich ihr den kleinen Finger gebe, nimmt sie sofort die ganze Hand.« In diesem Beispiel ging es darum, daß Herr U. die aggressiv getönten Konflikte mit seiner Mutter, die um Sieg und Niederlage, Macht und Ohnmacht kreisten, in den Interaktionen mit seinem Kind täglich neu wiederholte.

Fallvignette 4

Auch Frau C. gelang es trotz vieler Versuche nicht, ihr kleines Kind mit offenen Augen ins Bett zu legen und es darin zu unterstützen, allein einzuschlafen. Ein sorgfältiges Anhören ihrer Klagen ergab, daß es für sie eine besondere Schwierigkeit war, die motorische Unruhe des Kindes zu ertragen. Ihr gehe es ganz schlecht, wenn sie sehe, wie es im Bett mit Armen und Beinen herumfuchtele, den Körper nach hinten bäume und sich ganz steif mache. Dann müsse sie sofort etwas tun, ihm die Hand halten oder es auf den Arm nehmen. Nach Assoziationen zu den Bewegungen des Kindes gefragt, meinte sie, es gehe dabei um Fragen von Leben und Tod. Wenn sie sehe, wie ihr Kind im Bett liege und die Arme hochwerfe, bekomme sie das Bild eines Ertrinkenden, der mit dem Kopf schon unter Wasser sei und mit der Hand ins Leere greife. Es folgten viele schmerzhafte Erinnerungen und Phantasien, in denen es um Tod und Alleinsein ging. In diesem Beispiel handelte es sich um eine Mutter, die eigene existentielle Ängste in das Kind projizierte und das Verhalten des Kindes analog eigener Empfindungen interpretierte. Schlafen war für sie mit belastenden Gefühlen verbunden, und so war es ihr nicht möglich, ihrem Kind zu vermitteln, daß Schlafen etwas Schönes oder zumindest Unbedrohliches sein konnte.

In dem Maß, wie es den drei Elternteilen gelang, eine Verbindung zwischen den eigenen Konflikten und ihrer spezifischen Wahrnehmung und Interpretation des Schlafproblems zu erkennen, kam es zu einer deutlichen Besserung des Symptoms. Alle drei Babys lernten mit Hilfe ihrer Eltern innerhalb kürzester Zeit allein in ihren Betten einzuschlafen. Eine grundlegendere Bearbeitung der psychischen Konflikte der Eltern erfordert meist eine längerfristige Einzeltherapie. Diese kann in einigen Fällen auch für das weitere Wohl des Kindes dringend indiziert sein.

Schlußbetrachtung

Das Ziel einer Behandlung in der Beratungsstelle »MenschensKind« besteht darin, die seelische Entwicklung von Säuglingen und Kleinkindern durch die Förderung einer positiven Eltern-Kind-Beziehung zu unterstützen. Im Zentrum der Intervention steht immer der Bereich, der die Beziehung zum gegebenen Zeitpunkt am meisten stört. Dies können beispielsweise elterliche Informationsdefizite (wie unrealistische Erwartungen) sein, projektiv verzerrte Wahrnehmungen der Eltern oder hypersensible und in ihren Signalen nur schwer verstehbare Babys. Es wird immer versucht herauszufinden, was sich die Eltern von der Behandlung erhoffen und womit ihnen zum gegebenen Zeitpunkt am besten geholfen werden kann. Manchmal kann eine Beratung auch darin bestehen, mit den Eltern zu klären, daß sie innerlich noch nicht bereit sind, etwas an dem Problem zu ändern. Die Erfahrung zeigt, daß Eltern in solchen Fällen oft später wiederkommen und erneut um Beratung nachsuchen oder dann, wenn der Zeitpunkt »richtig« ist, allein in der Lage sind, etwas an dem (vorher unlösbar erscheinenden) Problem zu ändern.

Ersten Auswertungen zufolge kommen Elemente der drei beschriebenen Behandlungsansätze (entwicklungspsychologische Beratung, angeleitete Eltern-Säuglings-Übungssitzungen und Eltern-Säuglings-Psychotherapie) annähernd gleich häufig zur Anwendung. Eine systematische Evaluation der angeleiteten Eltern-Säuglings-Übungssitzungen steht noch aus. Die Methode hat sich aber klinisch als vielversprechend erwiesen. Gelingt es den Eltern, sich auch zu Hause in ähnlicher Weise an den Signalen ihres Kindes zu orientieren und seine selbstregulativen Fähigkeiten zu unterstützen, haben sie meist innerhalb weniger Tage ein deutlich zufriedeneres und weniger schreiendes Kind.

Eine Eltern-Säuglings-Psychotherapie ist für viele Familien die erste psychotherapeutische Erfahrung, sozusagen ein »Schnupperkurs in Psychotherapie«. Während Eltern das Problem anfangs häufig einseitig dem Kind zuordnen, indem sie es beispielsweise als aggressiv oder verweigernd beschreiben, sehen sie später stärker ihren eigenen Anteil, und einige entscheiden sich dann, insbesondere wenn sie die Beratungsstelle schon mehrfach konsultiert haben, zu einer längerfristig angelegten Einzelpsychotherapie.

Die meisten Behandlungen finden in Form von Kurzzeittherapien statt. Manchmal halten die erreichten Erfolge nur für die entsprechende Entwicklungsphase an, und die Eltern melden sich einige Zeit später erneut zur Beratung an. Anfangs überlegte die Autorin, ob diese Wiederanmeldungen ein Indiz dafür seien, daß sie »schlecht« arbeite. Aber das scheint nicht die Erklärung zu sein. Nach Stern (1995) wählen Eltern mit Säuglingen und Kleinkindern dann, wenn man ihnen keine Struktur vorgibt, häufig den beschriebenen Behandlungsmodus der wiederholten Kurzzeittherapien, da er den rasch wechselnden entwicklungspsychologischen Themen dieser Lebensphase am angemessensten zu sein scheint. Stern schreibt: »Thus what looks like a therapeutic failure, is in fact, the optimal procedure in a context of rapid development« (Stern 1995, S. 158; »Was wie therapeutische Unzulänglichkeit erscheint, ist in Wahrheit der optimale Prozeß im Zuge einer rasch voranschreitenden Entwicklung«).

Das Angebot der Beratungsstelle »MenschensKind« ist auf große Resonanz gestoßen. Es suchen weit mehr Familien um Beratung nach, als Behandlungskapazitäten zur Verfügung stehen. Alternative Einrichtungen, an die Familien weiterverwiesen werden können, sind nur in Einzelfällen vorhanden. Im Gegensatz zu vielen anderen Ländern ist Deutschland, bezogen auf die flächendeckende Verfügbarkeit beziehungsfokussierter Beratungsangebote für Eltern mit Säuglingen und Kleinkindern, noch immer ein Entwicklungsland.

Mechthild Papoušek

Das Münchner Modell einer interaktionszentrierten Säuglings-Eltern-Beratung und -Psychotherapie

Vorbemerkungen

Ein Fall aus der Sprechstunde: Dario. 1. Vorstellungsgrund

In der Münchner Sprechstunde für Schreibabys meldet sich Frau S. mit ihrem 7monatigen Dario wegen seit Monaten bestehender Ein- und Durchschlafstörungen und Unzufriedenheit und Unruhe am Tag. Schon die ersten Lebensmonate waren durch stundenlanges Quengeln und unstillbares Schreien bis zu 8 Stunden täglich belastet, vor allem von 6 Uhr abends bis nach Mitternacht. Erschöpft, verunsichert und verzweifelt und schwankend zwischen Wut und Enttäuschung über das Kind, trug ihn die Mutter ständig herum, auf dem Arm, im Tragesack oder auf dem Gymnastikball hüpfend. Tagsüber fand das überreizte Baby nur viertelstundenweise auf dem Arm der Mutter in den Schlaf. Die kurzen ruhigen Wachzeiten nutzte die Mutter, um rasch zu duschen oder etwas im Haushalt zu erledigen, so daß kaum Zeit blieb, in der Mutter und Kind zur Ruhe kommen und die Zweisamkeit genießen konnten. Auch auf dem Arm der Mutter war Dario meist unruhig, verlangte nach ständig neuen Reizen und vermochte nicht »abzuschalten«. Ohne die fürsorgliche Unterstützung, Ermutigung und wirksame Hilfe von seiten ihres Mannes hätte die Mutter, wie sie heute glaubt, nicht durchgehalten. Ihm gelang es schließlich mit viel Geduld, das abendliche Einschlafen auf verträgliche Zeiten vorzuverlegen.

Zum Vorstellungszeitpunkt hatte sich Dario in den Vormittagsstunden bereits zu einem lebhaften, an allem Neuen interessierten, erlebnishungrigen kleinen Jungen entwickelt, gegen Abend jedoch verfiel er nach wie vor in extreme Unruhe, Überreiztheit und »hysterisches« Geschrei, schien gegen den Schlaf anzukämpfen und kam erst nach dem Stillen, langem Streicheln und Herumtragen im Schlafzimmer der Eltern zur Ruhe. Nachts wachte er bis zu fünfmal auf und »forderte« erneut verschiedenste Beruhigungshilfen wie nächtliches Stillen, Tee, Schnuller, Streicheln, Herumtragen oder Elternbett.

*

Fälle wie dieser gehören zu den häufigsten Problemen der kinderärztlichen Sprechstunde. Trotz der oft hochgradigen Belastung der betroffenen Familien ist die Tendenz weit verbreitet, diese ganz realen Störungen der frühen Kindheit zu bagatellisieren oder die Schuld vorschnell in mütterlichem Versagen zu suchen. Sie fallen in Deutschland in der Regel noch immer durch die Maschen des Versorgungsnetzes. Die vereinzelt entstandenen spezifischen Beratungsangebote der letzten Jahre reichen bei weitem nicht aus, den immer unüberhörbarer artikulierten Bedarf zu decken, und es fehlt bis heute an Finanzierungsmodellen für ein flächendeckendes Angebot an spezifischen präventiven und therapeutischen Interventionen. Bis vor wenigen Jahren waren in der internationalen Literatur nur vereinzelt Berichte über Interventionen auf verhaltenstherapeutischer, psychoanalytischer oder Beratungsbasis zu finden. Was gänzlich fehlte, waren Kenntnisse über Ursachen, Entstehungsbedingungen und Auswirkungen von exzessivem Schreien im Säuglingsalter und über die damit verbundenen Belastungen und Gefährdungen der frühen Eltern-Kind-Beziehungen.

Es sollen Entwicklung, Konzept und Praxis des Münchner Modells einer interaktionszentrierten Säuglings-Eltern-Beratung und -Psychotherapie dargestellt werden, das speziell auf die Bedürfnisse und Störungsbilder der ersten beiden Lebensjahre zugeschnitten ist.

Entwicklungsphasen des Behandlungsmodells

Von der Grundlagenforschung zum Kernkonzept eines klinischen Behandlungsmodells

Das Behandlungsmodell hat seine Wurzeln in den langjährigen Forschungsarbeiten von H. Papoušek über die Frühentwicklung der integrativen Fähigkeiten des Säuglings (1969) und in den gemeinsamen Arbeiten über die intuitive elterliche Früherziehung im Kontext der vorsprachlichen Kommunikation (Papoušek 1994; Papoušek u. Papoušek 1979; 1987). Als ursprünglich engagierte Kliniker im Bereich von Kinderheilkunde und Erwachsenenpsychiatrie suchten wir nach einem methodischen Ansatz zum Verständnis von frühen Störungen der vorsprachlichen Kommunikation, ihren Ursachen, Merkmalen und Auswirkungen auf die kindlichen Entwicklung. So entstand ein systemisches Modell aus der unmittelbaren Umsetzung und Integration der erarbeiteten Konzepte und Kenntnisse und anderer wichtiger Ergebnisse der interdisziplinären Frühentwicklungsforschung, die seit den sechziger Jahren die Vorstellungen über den menschlichen Säugling auf dramatische Weise verändert (Übersicht siehe z. B. Dornes 1993) und neue, empirisch zugängliche Dimensionen im Verständnis der Eltern-Kind-Beziehungen erschlossen hatten (Papoušek 1989).

Für das Verständnis früher Abweichungen ist dabei vor allem wichtig, daß sich die biologischen Bedürfnisse des menschlichen Säuglings nicht auf Pflege, Ernährung, Schutz und emotionale Sicherheit beschränken, sondern von Geburt an die phylogenetisch vermutlich jüngeren Bedürfnisse nach Vertrautwerden mit dem Unbekannten, nach Erkundung und Exploration, nach Selbstwirksamkeit in bezug auf die soziale und dingliche Umwelt, nach ungestörter Integration seiner Erfahrungen und nach Kommunikation mit seinen vertrauten Bezugspersonen einschließen. Der Säugling ist dafür mit einem erstaunlichen Repertoire angeborener Fähigkeiten, Vorlieben und innerer Motivationen ausgestattet. Zur störungsfreien Entfaltung, Ausreifung, Einübung und Differenzierung seiner noch eingeschränkten selbstregulatorischen Kompetenzen ist er jedoch auf eine komplementäre Hilfe von seiner sozialen Umwelt angewiesen.

Unter diesem Aspekt gewinnt das Konzept der »mütterlichen Feinfühligkeit« (Ainsworth et al. 1978) eine neue Dimension. Erst mit Hilfe von Verhaltensmikroanalysen der vorsprachlichen Kommunikation wurde aufgedeckt, daß sich angemessenes responsives mütterliches Verhalten nicht im Vermitteln von Nähe und emotionaler Sicherheit in Belastungssituationen erschöpft. Vielmehr schließt es ein breites Repertoire von Verhaltensmustern (Ammensprache, Grußreaktion), didaktischen Angeboten (einfache Anregungsmuster, Wiederholung mit spielerischer Variation, Nachahmung und Modelle zum Nachahmen), Anpassungen der Verhaltensdynamik (Intensität und Zeitstruktur mit Tempo, Rhythmus, Pausen) und eine spezifische Sensibilität und kontingente Responsivität gegenüber den Rückkoppelungssignalen der kindlichen Integrations- und Interaktionsbereitschaft ein (Papoušek 1994; Papoušek u. Papoušek 1987; 1995).

Die elterlichen Verhaltensbereitschaften sind universell angelegt und werden ohne bewußte Kontrolle intuitiv gesteuert und durch Signale im Aussehen und Verhalten des Säuglings ausgelöst. Sie kompensieren die anfängliche Unreife und unterstützen die postpartalen Reifungs- und Anpassungsprozesse, erleichtern den Übergang zum Schlaf oder zu gut regulierten Wachphasen, in denen der Säugling erfolgreich Kontakt mit den Eltern aufnehmen und ruhige Kommunikation einüben kann und lernt, seine Erfahrungen mit der Umwelt zu integrieren. In kleinen schrittweisen Erfahrungen werden so die anfänglichen regulatorischen Entwicklungsaufgaben der frühen Kindheit gemeinsam gelöst. Die kindlichen Rückkoppelungssignale wirken als Quelle von Belohnung und Bestärkung des elterlichen Selbstwertgefühls und Selbstvertrauens in die eigenen genuinen Kompetenzen. Der Säugling wiederum erlebt seine Erfolge im Auslösen kontingenter elterlicher Antworten und in der Erfüllung seiner Erwartungen als angenehme belohnende Erfahrungen. Die wechselseitige positive Beeinflussung in einem dynamischen System ist in ihrer Wirksamkeit dem Konzept der »positiven Gegenseitigkeit« aus der systemischen Familien- und Paartherapie vergleichbar (Stierlin 1976) und stellt auch das Kernstück unseres Behandlungsmodells dar.

In der normalen Entwicklung erwachsen im Zusammenspiel von kindlichen und elterlichen Prädispositionen in der vorsprachlichen Kommunikation entwicklungsfördernde oder auch protektive Kräfte. Im Zusammenspiel der selbstregulatorischen Kompetenzen des Säuglings und der intuitiven koregulatorisch wirksamen Kompetenzen der Eltern wirkt die vorsprachliche Kommunikation als Puffersystem, das anfängliche Anpassungsprobleme auf seiten des Kindes oder der Eltern auffangen und überwinden kann.

Unterschiedliche biologische, psychosoziale oder kulturell bedingte Störfaktoren, die einen oder beide Interaktionspartner beeinträchtigen, können jedoch das System zum Entgleisen bringen und in einen Teufelskreis negativer gegenseitiger Beeinflussung hineintreiben (Papoušek u. Papoušek 1979; 1997). Unter günstigen Umständen kann eine gut funktionierende vorsprachliche Kommunikation auch extremere Belastungen kompensieren und damit ihrerseits als Schutzfaktor wirken, der therapeutisch nutzbar gemacht werden kann.

Ausarbeitung eines systemischen entwicklungsdynamischen Modells

Die Ergebnisse der aktuellen Schreiforschung und der Temperamentsforschung über den sogenannten schwierigen Säugling regten dazu an, das Kernkonzept in bezug auf exzessives Schreien im frühen Säuglingsalter, die sogenannten Dreimonatskoliken, weiter zu spezifizieren. Daraus entstand ein systemisch orientiertes entwicklungsdynamisches Modell, aus dem sich Hypothesen über Entstehungsbedingungen, Manifestationsformen und Auswirkungen von exzessivem Schreien ebenso ableiten ließen wie Beratungshilfen für den Umgang mit dem schreienden Säugling und seiner Familie (Papoušek 1985;

Papoušek u. Papoušek 1990). Das Syndrom des schwierigen Säuglings läßt sich nicht einseitig auf Probleme des Säuglings oder der Mutter reduzieren. Vielmehr geht es um eine Vielzahl von potentiellen, miteinander vernetzten Faktoren auf seiten beider Partner und ihrer Umwelt, um ein komplexes dynamisches System, in dem bereits eine geringfügige Abweichung zu einer Kette von Konsequenzen und dramatischen Störungen führen kann.

Die alltägliche Arena, in der organische und psychosoziale Risikofaktoren und Schutzfaktoren, transgenerationale Transmission und elterliche Repräsentanzen wirksam und im Wechselspiel »ausgetragen« werden, findet sich in den Eltern-Kind-Interaktionen des Alltags beim Beruhigen, Füttern, Schlafenlegen, Zwiegespräch und Spiel. Auf seiten des Kindes ist damit zu rechnen, daß Unreife, schwieriges Temperament und andere organische Risikofaktoren die selbstregulatorischen Fähigkeiten beeinträchtigen und damit erhöhte Anforderungen an die intuitiven elterlichen Kompetenzen stellen können. Aus experimentellen Studien läßt sich ableiten, daß chronische Unruhe und unstillbares Schreien auf seiten der Eltern zu chronischer Erregung und Erschöpfung, Schlafdeprivation, Ohnmachts- und Versagensgefühlen, Verunsicherung und Kränkung des Selbstwertgefühls, Antriebshemmung und Depressivität führen können, aber auch zu ohnmächtiger Wut, Ablehnung, Selbstvorwürfen und Ängsten (Papoušek u. Papoušek 1990). Das Schreien kann latente neurotische Beziehungskonflikte mit den eigenen Eltern, in der Partnerschaft oder mit der eigenen Rollenidentität evozieren und aktualisieren. Dies wird vermutlich dann besonders kritisch, wenn infolge der überwiegend negativen Rückkoppelungssignale auch die intuitiven elterlichen Verhaltensbereitschaften gehemmt oder verzerrt werden.

Dadurch daß der Säugling in solchen Fällen auch die normale regulatorische Unterstützung der Eltern entbehren muß, können sich seine selbstregulatorischen Probleme mit ihren negativen Rückwirkungen auf die Eltern aufschaukeln. Das System kann in einen Teufelskreis negativer Gegenseitigkeit entgleisen, durch den es in besonders ungünstigen Konstellationen zu tiefgreifender Ablehnung, Vernachlässigung oder Mißhandlung kommen kann; dies um so eher, je mehr die elterlichen Ressourcen bereits primär durch biologische oder psychosoziale Belastungen erschöpft sind und/oder wenn Affekte, verzerrte Wahrnehmungen oder unbewußte Reinszenierungen von neurotischen Beziehungsmustern mit den intuitiven Verhaltensbereitschaften interferieren.

Je länger eine solche dysfunktionale Wechselseitigkeit in einem Teufelskreis aufrechterhalten wird, um so mehr kann sie sich verselbständigen und rigide werden. Das dynamische Gleichgewicht verschiebt sich: Schrei-Interaktionen beginnen auf Kosten von wechselseitig belohnenden Beziehungserfahrungen zu überwiegen. Dies belastet die Beziehung um so mehr, je generalisierter die Störung ist, je mehr Interaktionskontexte des Alltags betroffen sind.

Einrichtung der Münchner Sprechstunde für Schreibabys

Schließlich gelang es 1991 im Rahmen der Forschungs- und Beratungsstelle Frühentwicklung und Kommunikation des Kinderzentrums München mit einem kleinen interdisziplinären Team, eine Spezialsprechstunde für Familien mit exzessiv schreienden Säuglingen einzurichten (Papoušek et al. 1994). Dabei ging es von Anfang an um zwei Schwerpunkte: (1) um Entwicklung und Anwendung eines spezifisch ausgerichteten diagnostischen und therapeutischen Angebots in der täglichen Sprechstundenarbeit und (2) um ein Forschungsvorhaben mit dem Ziel, die wissenschaftlichen Grundlagen für die Früherkennung, Prävention und gezielte Behandlung von Störungen der kindlichen Verhaltensregulation und der Eltern-Kind-Beziehungen zu vertiefen.

Das entwicklungsdynamische Modell setzt eine breit angelegte interdisziplinäre Diagnostik voraus (Papoušek u. von Hofacker 1995), in deren Mittelpunkt die klinische Kommunikations- und Beziehungsdiagnostik auf der Basis videogestützter Verhaltensbeobachtungen der vorsprachlichen Kommunikation in störungsrelevanten und altersangemessenen Interaktionskontexten steht (Papoušek 1996). Eine sorgfältige systematische Dokumentation der Verhaltensbeobachtungen und der pädiatrisch-neurologischen, entwicklungspsychologischen und psychiatrischen Befunderhebung bietet ihrerseits die Grundlage für die Analyse von Ätiologie, Symptomatologie, Auswirkungen und Prognose von frühen Störungen der kindlichen Verhaltensregulation und der Eltern-Kind-Beziehungen (Papoušek u. v. Hofacker, im Druck). Das Fallbeispiel illustriert typische Aspekte der diagnostischen und therapeutischen Arbeit.

*

Fallbeispiel: Dario. Erste Behandlungsepisode

Vorgeschichte. Die Schwangerschaft hatten sich beide Eltern nach zwei vorangegangenen Fehlgeburten gewünscht. Sie wurde allerdings durch Blutungen, chronische Müdigkeit und eine unerklärliche Traurigkeit belastet, die aus der Kindheit der Mutter herzurühren schien. Dario wurde nach 40 Schwangerschaftswochen wegen Lageanomalie mit Kaiserschnitt geboren. Fünf Monate wurde Dario gestillt, bis aufgrund der mütterlichen Erschöpfung die Milch nicht mehr ausreichte. Die Anpassung an Flaschenkost gestaltete sich zu einem wochenlangen Kampf, worauf wiederum der Vater einsprang und Dario mit viel Geduld und Erfolg an Löffelkost gewöhnte.

Wie von selbst tauchten während der Anamnese im Beisein des Kindes Erinnerungen an die eigene Kindheit auf, die die Mutter als Einzelkind erlebte: Bilder voller Trauer von chronischem Streß und Streit ihrer Eltern, Alkoholproblemen des Vaters, ungerechten Schlägen und Strenge, mangelnder Unterstützung seitens ihrer Mutter, Aufbegehren gegen den Vater. Bilder, die sich mischten mit dem Wunsch, ihrem Sohn alles an Liebe zu geben, was sie entbehrt hatte.

Befunde: Die schlafdeprivierte Mutter war übernächtigt, erschöpft, hochgradig verunsichert und stimmungslabil und fühlte sich am Ende ihrer Kraft. Dario präsentierte sich als in jeder

Hinsicht gesunder, altersgemäß entwickelter Säugling. In der fremden Umgebung war er kontaktbereit, neugierig, lebhaft und explorationsfreudig. Er spielte ausdauernd auf der Matte oder auf dem Schoß der Eltern in einem ausgeglichenen, gutregulierten aktiven Wachzustand. Im Zwiegespräch mit der Mutter schaute er seinem Alter entsprechend abwechselnd die fremde Umgebung und zur Rückversicherung die Mutter an, die ihrerseits aufgrund ihrer Depressivität und Erschöpfung in ihren intuitiven Verhaltensbereitschaften leicht gedämpft war, jedoch sensibel auf Darios Interessen und Signale einging.

Beurteilung: Wir stellten die Diagnose einer frühkindlichen Regulationsstörung, die im Rahmen der postnatalen Anpassungs- und Reifungsprozesse mit exzessivem Schreien und Unreife der Schlaf-Wach-Regulation begonnen hatte und sich in Anpassungsproblemen an die Nahrungsumstellung und – verstärkt durch die fürsorglichen Einschlafhilfen der Eltern – in einer Schlafstörung fortgesetzt hatte. Es gab weder Hinweise auf ein »schwieriges« Temperament auf Darios Seite noch auf eine Beziehungsstörung. Dysfunktionale Kommunikationsmuster fanden sich nur in bezug auf die abendlichen und nächtlichen Einschlafinteraktionen, die durch die noch nicht verarbeiteten frühkindlichen Entbehrungen der Mutter erschwert und überschattet wurden. Die psychische Verfassung der Mutter weckte Besorgnis, und es galt den Ausgang der Schlafintervention abzuwarten.

Therapeutische Intervention: Die Eltern drängten auf rasche Entlastung durch eine verhaltenstherapeutisch orientierte Schlafintervention. Diese wurde nach Information über die frühkindliche Entwicklung des Schlafs in einem eingehenden Vorgespräch vorbereitet. Dario sollte Gelegenheit gegeben werden, seinem Entwicklungsstand entsprechend zu lernen, sich nach einem gemeinsamen Einschlafritual ohne äußere Einschlafhilfen der Eltern seinem Schlafbedürfnis anheimzugeben. Die Eltern unterstützten ihn dabei, indem sie ihm in regelmäßigen Abständen von fünf Minuten eine kurze Rückversicherung ihrer Nähe gaben, ohne ihn dabei aus dem Bettchen zu nehmen oder zu stillen.

Behandlungserfolg: Bereits von der zweiten Nacht an schlief Dario problemlos ein, schlief elf Stunden durch und belohnte die Eltern am Tag mit guter Laune. Die Mutter selbst fühlte sich »wie ein neuer Mensch«, atmete auf und konnte sich erstmals entspannt und in ungetrübter Freude auf ihr Kind einlassen und sich in ihrer Mutterrolle wohl fühlen. Selbstsicherer geworden, gelang es ihr jetzt auch, die Kommunikation mit Dario in anderen Kontexten eindeutiger zu gestalten.

Die Behandlung war nach zwei Terminen abgeschlossen. Der rasche Erfolg war angesichts der hochbelasteten Kindheit der Mutter vor allem der stützenden Partnerschaftsbeziehung zu verdanken, die sich generell als Schutzfaktor auswirkte und ganz konkret bei der Umsetzung der Schlafintervention erneut zum Tragen kam.

*

Bedarfsorientierte Weiterentwicklung und Differenzierung des Behandlungsangebots

Es stellte sich bald heraus, daß die Ausrichtung des Behandlungsangebots auf exzessives Schreien in den ersten Lebensmonaten, die sogenannten Dreimonatskoliken, bei weitem zu eng gegriffen war. Die Inanspruchnahme der Sprechstunde betraf sogar überwiegend ältere Säuglinge und Kleinkinder mit weiteren Altersgipfeln mit 8 bis 10 Monaten und in der Mitte des 2. Lebensjahrs (Papoušek et al. 1994). Unter dem Druck der Anforderungen mußte sich das therapeutische Angebot rasch erweitern und Rezepturen gegen Schlafstörungen, Fütter- und Gedeihstörungen, motorische Unruhe, Klammrigkeit, Trennungsängste, Trotzanfälle, Kopfschlagen, Affektkrämpfe, aggressives Verhalten und Geschwisterrivalität einschließen. Es mußte aber auch gewappnet sein für frühe Kommunikations- und Beziehungsstörungen bei postpartalen oder chronischen psychischen Erkrankungen der Mutter und für akute psychosoziale Kriseninterventionen bei drohender Mißhandlung oder Vernachlässigung.

Die Ausweitung stellte sich als weniger schwierig heraus, als in Anbetracht der Heterogenität der Störungsbilder zu erwarten war. Grund dafür ist eine Reihe auffallender Gemeinsamkeiten, die den Anlaß gaben, sie als diagnostische Einheit unter dem Oberbegriff »Regulationsstörungen der frühen Kindheit« zusammenzufassen:

- In der Mehrzahl der Fälle sind beim gleichen Kind mehrere Störungsbilder, entweder nacheinander oder gleichzeitig zu finden (v. Hofacker et al. 1996). Auch bei den älteren Säuglingen beginnen die Probleme in über 80 % bereits im ersten Lebensmonat mit exzessivem Schreien, das sich seinerseits als Folge einer unreifen Schlaf-Wach-Organisation herausgestellt hat (Papoušek u. Papoušek 1996).
- Die ausgeprägte reaktive Depressivität der betroffenen Mütter erschwert in vielen Fällen sogar die Abgrenzung gegenüber einer Wochenbettsdepression mit ihren ungünstigen Auswirkungen auf die kindliche Entwicklung (Papoušek u. Papoušek 1997).
- Bei allen Störungsbildern handelt es sich um Extremvarianten von an sich normalen Verhaltensformen, die bis zu einem Viertel aller gesunden Säuglinge betreffen. Sie lösen »ganz normale Krisen der kindlichen Entwicklung« aus, die Largo (1992; 1995) auf fehlende wechselseitige Abstimmung von kindlichen Dispositionen und unangemessenen Erwartungen der Eltern zurückführt.
- Die Störungsbilder betreffen regulatorische Anpassungsaufgaben der frühen Kindheit, deren gemeinsame Regulation in alltagstypischen Kontexten der vorsprachlichen Kommunikation zwischen Eltern und Kind dysfunktional entgleist ist. Sie manifestieren sich daher sowohl in phasentypischen Verhaltensproblemen des Kindes als auch in dysfunktionalen Interaktionsmustern. Je nach Entwicklungsphase betreffen die regulativen Störungen Nahrungsaufnahme und Verdauung, Schlaf-Wach-Organisation, Wahrnehmungsverarbeitung, affektive Erregungssteuerung oder motorische Handlungsplanung und/oder die Regulation von Aufmerksamkeit und Erfahrungsintegration, von Bindung und Exploration, von Abhängigkeit und Autonomie.

- Die »Krisen« treten intermittierend und bevorzugt in Zusammenhang mit phasentypischen Reorganisationsprozessen, jeweils im Vorfeld eines Entwicklungsschubs auf (Papoušek u. Papoušek 1984). Diese gelten als Phasen erhöhter Vulnerabilität, aber auch als »touchpoints« für präventive Interventionen (Brazelton 1994).
- Die Störungsbilder sind außerordentlich häufig. Sie stellen erhebliche Anforderungen an die elterlichen Kompetenzen und wirken sich als lange verkannte Belastungen und Gefährdungen der Eltern-Kind-Beziehungen aus (Barth 1995). Dennoch sind sie in der Regel harmlos, selbstlimitierend und leicht zu beeinflussen (St. James-Roberts, Conroy u. Wilsher 1995). Im Kontext multipler dispositioneller, organischer und psychosozialer Belastungsfaktoren können sie jedoch aufrechterhalten werden, exazerbieren und selbst zu einer Gefährdung der Eltern-Kind-Beziehungen werden (Papoušek u. v. Hofacker, im Druck; siehe auch den Beitrag von v. Hofacker in diesem Band).

Aufgrund dieser Gemeinsamkeiten ist es durchaus sinnvoll, die genannten Störungsbilder unter einem diagnostischen Oberbegriff, »Regulationsstörungen der frühen Kindheit«, zusammenzufassen, da sie aus entwicklungspathogenetischer Sicht eine dynamische Einheit mit unterschiedlichen Manifestationsformen darzustellen scheinen. Entsprechend wurde ein gemeinsames therapeutisches Rahmenkonzept mit jeweils spezifischen Ergänzungen für die einzelnen Manifestationen und ein intermittierendes Behandlungsangebot entwickelt. Diese Aspekte werden im weiteren Verlauf von Darios Fallgeschichte nochmals deutlich.

*

Fallbeispiel: Dario. 3. Zweite Behandlungsepisode

Zwischenanamnese: Zehn Monate später, im Alter von 17 Monaten, suchte die Mutter nochmals die Sprechstunde auf. Sie war erneut und bereits im achten Monat schwanger. In den letzten Monaten war in Zusammenhang mit rezidivierenden Infekten und einer aphthösen Stomatitis des Kindes und zunehmender Erschöpfbarkeit der Mutter eine Fütterstörung eskaliert. Dario verweigerte bei den Mahlzeiten Milch und jede Form altersgemäßer Kost und hielt sich in der Zwischenzeit an Fruchtzwergen, Keksen und Brezeln schadlos.

Belastet fühlte sich die Mutter zudem durch Darios Rückfall in die alten problematischen Schlafgewohnheiten und durch Klammerverhalten, Unzufriedenheit und Unfähigkeit, sich allein zu beschäftigen. Die Mutter war Tag und Nacht mit Dario beschäftigt, ohne daß sie ihn zufriedenstellen konnte, und tat sich schwer, ihm Grenzen zu setzen. Der Haushalt wuchs ihr über den Kopf. Selbst von Schlafstörungen geplagt, wurde sie zunehmend nervös, übererregbar und verzweifelt darüber, daß sie vor Geburt des zweiten Kindes nicht einmal den Verhaltensproblemen des ersten gewachsen war.

Befunde: Die Kommunikation in der Füttersituation war hoch angespannt. Dario ließ sich lustlos einige Löffel in den Mund schieben, suchte dann jedoch nach Ablenkung und wehrte nach kurzer Zeit schreiend jedes weitere Nahrungsangebot ab. Die Mutter suchte durch pausenloses Argumentieren und Druck, Dario zum Essen zu animieren, ging unsicher auf jede Ablenkung ein und tat sich schwer, trotz Verweigerung und Schreien die Mahlzeit zu beenden.

Therapeutische Intervention: Wieder war eine rasche Entlastung geboten. Unter Einsatz von Videofeedback wurden mit den Eltern Ziel und Regeln einer verhaltenstherapeutisch orientierten Eßtherapie herausgearbeitet. Es ging darum, Dario zuzutrauen, daß er die Nahrungsmenge selbst mit seinem eigenen Appetit regeln könne, die Eltern ihrerseits waren zuständig für die Zeiten der Nahrungsaufnahme und ein altersangemessenes Nahrungsangebot. Andere vom Appetit ablenkende Motivationen wie Ablenkung oder Provokation sollten die Eltern ignorieren, selbständiges Essen durch Zuwendung unterstützen und die Mahlzeit beenden, sobald Dario Sättigung signalisierte oder abwehrte.

Bei einem weiteren Termin stand eine Kommunikationstherapie beim gemeinsamen Spiel im Mittelpunkt, bei dem die Mutter darin unterstützt wurde, sich mit ungeteilter Aufmerksamkeit auf Darios Interessen und Initiativen einzulassen und die Zeit mit ihm zu genießen. Dabei fanden beide zu einer lange nicht gekannten Ruhe. Bei einem anschließenden Versuch, sich gelassen, aber bestimmt abzugrenzen, um im gleichen Raum zu lesen, tat sich die Mutter äußerst schwer. Sobald Dario ihre Aufmerksamkeit zu erreichen suchte, zu quengeln begann, sich anklammerte und schließlich schrie, nahm sie ihn genervt auf den Arm. Ihre Ambivalenz zwischen ihrem Bedürfnis nach Abgrenzung, ihrer Angst, Dario zu frustrieren, und ihrer wachsenden Genervtheit äußerte sich deutlich in ihrer Körpersprache in Form von gemischten Botschaften.

Das Videofeedback half der Mutter, ihre ambivalenten Gefühle wahrzunehmen und Verbindungen zur eigenen Kindheit zu entdecken. Auf der einen Seite suchte sie Dario jede nur mögliche Zuwendung zuteil werden zu lassen, auf der anderen Seite fühlte sie sich ausgesaugt und genervt und sehnte sich danach, auch einmal Zeit für sich zu haben. Es wurde angeregt, in der bevorstehenden Urlaubszeit dem gemeinsamen Tagesablauf eine für Dario erkennbare Struktur zu geben und Zeiten ungeteilter Aufmerksamkeit eines Elternteils abzuwechseln mit Zeiten klarer Abgrenzung, in denen auch die Bedürfnisse der Eltern zu ihrem Recht kommen durften.

Behandlungserfolg: Zwei Wochen später war die Familie kaum wiederzuerkennen: Dario schlief wieder durch, trank seine Milch, aß selbständig zu den Mahlzeiten und war in der Lage, zufrieden und ausdauernd lange Zeit für sich allein zu spielen. Gelegentlich suchte er die Nähe von Mutter oder Vater, um sich dann wieder ins Spiel zu vertiefen. Mit Unterstützung des Vaters war die vorgeschlagene Strukturierung des Tagesablaufs gelungen, mit dem Erfolg, daß Dario die inneren Belohnungen des Alleinspiels entdeckte, die Eltern Freiraum für ihre eigenen und gemeinsamen Bedürfnisse gewannen und um so positiver die gemeinsamen Zeiten mit Dario zu gestalten vermochten.

Die Mutter gewann durch diese Erfahrungen neue Sicherheit. Sie hatte erkannt, in welchem Maß sie sich unter Druck gesetzt hatte, eine Übermutter zu sein, Dario alles an Liebe und Zuwendung zu geben, was sie bei ihren Eltern vermißt hatte, und Dario jede Frustration zu ersparen. Jetzt spürte sie, daß sie durch ihr grenzenlos fürsorgliches Verhalten Gefahr lief, Darios Entwicklung zur Selbstwirksamkeit, Selbstsicherheit und Eigenständigkeit zu hemmen. Sie lernte, ein Stück loszulassen und damit sowohl Dario den nötigen Freiraum für seine Entwicklung zu geben, als auch für sich, ihre Paarbeziehung und das erwartete Baby Freiraum zu gewinnen.

*

Dies ist einer von inzwischen über 1000 Fällen, die in den letzten Jahren wegen Regulationsstörungen in der Sprechstunde untersucht und behandelt wurden. Die Heterogenität der Manifestationsformen in bezug auf Alter des Kindes, Vorgeschichte, Symptomatologie, Kontext der Interaktionsstörung, Risiko- und Schutzfaktoren erfordert ein Verfahren, das sowohl flexibel wie auch spezifisch genug sein sollte, um den individuellen Bedürfnissen von Säugling, Mutter, Vater und Familiensystem gerecht zu werden. Es sollte den dynamischen Wechselbeziehungen, den entwicklungsphasenspezifischen Bedürfnissen und Vulnerabilitäten Rechnung tragen und die genuinen Ressourcen des Systems nutzen.

Datenorientierte Differenzierung des Behandlungskonzepts

Im Lauf der Jahre wurde das Behandlungskonzept in Übereinstimmung mit den schrittweise erarbeiteten wissenschaftlichen Ergebnissen ständig weiter differenziert, erweitert und adaptiert. Eine Reihe von Ergebnissen flossen als Grundlage neuer Arbeitshypothesen unmittelbar in die therapeutische Arbeit ein und konnten durch ergänzende therapeutische Interventionen in ihrer klinischen Validität überprüft werden.

- So bestätigen die Analysen unsere frühere Annahme, daß exzessives Schreien im ersten Halbjahr funktionell nur selten mit den sogenannten Koliken, in der Regel aber mit der noch unreifen Entwicklung der Schlaf-Wach-Organisation zusammenhängt (Papoušek 1985; Papoušek u. Papoušek 1996). Daher schließt die Behandlung konkrete Informationen und Beratung über die Entwicklung der Schlaf-Wach-Regulation und die zyklische Gestaltung des Tagesablaufs ein, mit regelmäßigem Wechsel von Schlaf, Füttern und ruhiger Wachaktivität. Gestützt auf mehrtägige Verhaltensprotokolle werden die Eltern angeregt, den Säugling in regelmäßigen Intervallen bei den ersten Ermüdungszeichen zum Schlaf zu bringen, Überstimulation zu vermeiden und die ruhigen Wachzeiten für beiderseits wohltuende Zwiegespräche zu nutzen.

– Über die Hälfte der 1- bis 6monatigen Säuglinge weisen Zeichen einer leichten neuromotorischen Unreife mit Problemen der Tonusregulation, Haltungskontrolle, leichter Asymmetrie und Aufrichtungsmangel auf (von Hofacker 1994). Ebenso häufig finden sich besonders ausgeprägte Probleme der sensorischen Erregbarkeit, Erregungsmodulation und Wahrnehmungsverarbeitung. Wichtig sind daher konkrete Hilfen beim Handling, Halten, Tragen und Beruhigen, die gemeinsam mit der Mutter erprobt werden. In einigen Fällen bieten Physiotherapie oder sensorische Integrationstherapie dem Säugling eine zusätzliche Unterstützung.
– Zu den regelmäßigen Befunden gehören körperliche Erschöpfung und psychische Überforderung der Mutter oder beider Eltern, was meist durch ein Zusammenwirken der kindlichen Verhaltensprobleme und verschiedener organischer und psychosozialer Belastungsfaktoren bedingt ist (Papoušek u. v. Hofacker 1995).

Dies erfordert meist bereits im ersten Schritt sofortige Entlastungshilfen. Bei krisenhafter Zuspitzung in seltenen schweren Fällen kann auch einmal eine Krisenintervention notwendig werden, eine stationäre Aufnahme auf eine Eltern-Kind-Station oder sogar eine zeitweilige Trennung und Ersatzbetreuung für das Kind, um einer bedrohlichen Eskalation vorzubeugen, das Kind vor Vernachlässigung und Mißhandlung und/oder die Mutter vor einer akuten psychischen Dekompensation zu schützen (Barth 1994).

Im Regelfall dagegen reichen oft erstaunlich geringe Inter-

ventionen, um der überlasteten Mutter eine rasche Gelegenheit zum »Time-out«, zum »Auftanken ihrer mütterlichen Batterien« und zur körperlichen Erholung zu verschaffen. Befragt nach ihren »drei Wünschen an die Traumfee«, äußern die Mütter meist Wünsche, die durchaus bescheiden und erfüllbar sind, etwa »einmal Ausschlafen«, »ein Stadtbummel ohne Kind«, »mit dem Mann zusammen essen gehen«, »ein Kinobesuch«. Oft hilft es, das »Time-out« – im Wissen um seine ressourcenregenerierende Wirkung – geradezu zu verordnen beziehungsweise der Mutter ausdrücklich zu »erlauben«, eigene Bedürfnisse ohne Schuldgefühle und Ängste zuzulassen, vorübergehend das Kind ein kleines Stück loszulassen und die Verantwortung zeitweise einem anderen Familienmitglied zu überlassen.
Um dies zu erreichen, ist es zur Regel geworden, den Vater so weit als möglich in Beratung und Behandlung einzubeziehen. Im gemeinsamen Gespräch geht es darum, das Hineinwachsen in die Elternrolle, das Übernehmen gemeinsamer Erziehungsverantwortung, triadische Beziehungserfahrungen und die Pflege der Paarbeziehung wirksam anzustoßen. Die aktive Teilnahme des Vaters an schwierigen therapeutischen Interventionen (z. B. Schlafintervention, Füttertherapie, Grenzensetzen) hat sich in vielen Fällen als kritische Voraussetzung für den Behandlungserfolg erwiesen, oft mit erstaunlicher positiver Rückwirkung auf das Selbstverständnis des Vaters, die Vater-Kind-Beziehung, die Übernahme seiner elterlichen Verantwortung und ein besseres Verständnis für die Belastung der Mutter (s. auch Minde et al. 1993).
Zur psychischen Entlastung der Mutter kann bereits die Aussicht auf einen Termin in der Sprechstunde, die für Gespräch und Untersuchung eingeräumte Zeit und das empathische Zuhören des Therapeuten beitragen und den angestauten Druck von verletztem Selbstwertgefühl, Hilflosigkeit, aggressiven Impulsen und Phantasien, Versagens-, Angst- und Schuldgefühlen ein Stück weit mildern. Sich entgegen dem verbreiteten Mother-blaming auch mit den sie erschreckenden negativen Gefühlen ernstgenommen, verstanden und an-

genommen zu wissen, öffnet der Mutter den Weg in eine tragende psychotherapeutische Beziehung.

- Das systematische Einbeziehen des Vaters in die therapeutische Arbeit ist vor allem in Anbetracht des Ergebnisses unumgänglich geworden, daß je nach Altersstufe und Schweregrad zwischen 30 und 54 % der elterlichen Partnerbeziehungen mit ausgeprägten chronischen Paarkonflikten belastet waren, die durch die Auswirkungen von exzessivem Schreien und Schlafstörungen aktualisiert wurden (Papoušek u. v. Hofacker 1995). Je nach Bedarf und Realisierbarkeit rücken dann paartherapeutische Gespräche, Beziehungserfahrungen im triadischen Interaktionskontext oder videogestützte Interaktionshilfen für die Kommunikation beider Eltern mit dem Kind in den Vordergrund. Bei tiefgreifenden partnerschaftlichen Beziehungsstörungen kann dadurch die Motivation für eine Paartherapie geweckt oder ein bis dahin bestehender latenter Widerstand gelockert werden.
- In über einem Drittel der Fälle werden die Eltern-Kind-Beziehungen von traumatisierenden Kindheitserfahrungen der Eltern überschattet und/oder in ungelöste neurotische Konflikte der aktuellen Beziehungen zu den eigenen Eltern und Schwiegereltern verstrickt (Papoušek u. v. Hofacker 1995). Ein empathischer psychotherapeutischer Zugang zur Ebene der elterlichen Gefühle und Beziehungsrepräsentationen ist in der Frühphase der sich entwickelnden Eltern-Kind-Beziehungen überraschend einfach, besonders im Hier und Jetzt der Kommunikation mit dem Säugling. Die unwillkürlich auftauchenden Themen und Affekte spiegeln die »motherhood constellation« wider, die bewußten und unbewußten psychischen Umstrukturierungsprozesse, wie sie Stern (1995) eingehend beschreibt, und lassen gelegentlich Reinszenierungen früher Beziehungserfahrungen oder »Gespenster im Kinderzimmer« erkennen (Barth 1994; Brazelton u. Cramer 1992; Cramer 1995; Fraiberg et al. 1980). Diese Ebene wird in der Regel in die Kommunikationstherapie eingeschlossen. Bei gut abgrenzbaren Konfliktkonstellationen wird in ausgewählten Fällen aber auch eine zeitlich be-

grenzte, psychodynamisch fundierte, lösungsorientierte Psychotherapie angeboten.
In rund einem Viertel der Fälle finden sich bei den Müttern behandlungsbedürftige psychische Störungen, meist in Form von Wochenbettsdepressionen, neurotischen Beziehungsstörungen, Eßstörungen oder Borderlinestörungen (v. Hofacker et al. 1996). Die Behandlung solcher schwerwiegenden psychiatrischen Störungen sprengt den Rahmen einer auf die Säuglings-Eltern-Beziehung ausgerichteten Psychotherapie. Sie sieht ihre Aufgabe vielmehr darin, bei der Mutter die Motivation für eine individuelle Psychotherapie zu wecken. In solchen Fällen hat sich die Kombination mit einer externen individuellen Psychotherapie, Paar- oder Familientherapie ausgesprochen bewährt.

- Zur Beurteilung der Belastung und Gefährdung der Eltern-Kind-Beziehungen ist, wie die Ergebnisse der videogestützten Interaktionsanalysen gezeigt haben, die Beobachtung im Kontext von Zwiegespräch und Spiel zwar von zentraler Bedeutung, aber nicht ausreichend (Papoušek 1996). Das Aufdecken dysfunktionaler Kommunikationsmuster beim Beruhigen des exzessiv schreienden Säuglings, beim Füttern, Schlafenlegen, Wickeln, Abgrenzen und Grenzensetzen führte zur Weiterentwicklung und Differenzierung der videogestützten Kommunikationsanleitung (siehe unten).

Die sieben I.s der interaktionszentrierten Säuglings-Eltern-Beratung und -Psychotherapie

Zusammenfassend läßt sich auf dem derzeitigen Entwicklungsstand das Münchner Behandlungsmodell als *interdisziplinär, integrativ, individuell abgestimmt, intermittierend* und *interaktionszentriert*, und damit *»infant-oriented«* und auf die *intuitiven elterlichen Kompetenzen* ausgerichtet charakterisieren. Den unmittelbarsten Zugang in das System und zugleich den Mittelpunkt und Fokus der Behandlung bildet die therapeutische Arbeit auf der Interaktions-/Kommunikationsebene (Abb. 1).

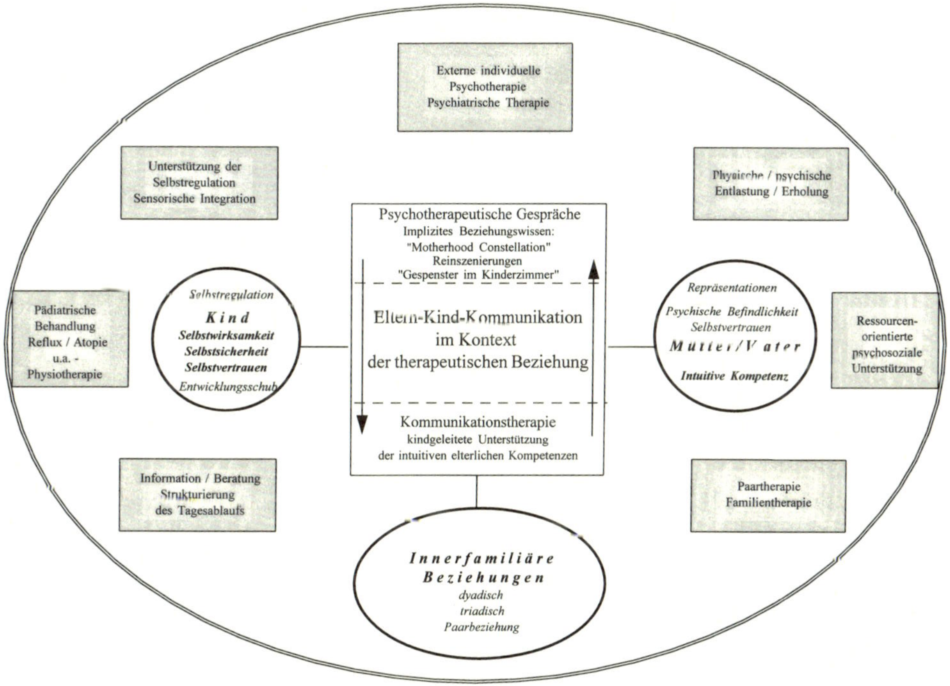

Abbildung 1: Kommunikationstherapie als Kernstück der interaktionszentrierten Säuglings-Eltern-Beratung und -Psychotherapie.

Zur Unterstützung werden jedoch je nach Bedarf klar umschriebene Techniken aus unterschiedlichen Disziplinen und therapeutischen Verfahren in den Behandlungsplan integriert, aus Entwicklungsberatung, sensorischer Integration, Physiotherapie, Verhaltenstherapie, Gesprächspsychotherapie, systemischer Paar- und Familientherapie, körperbezogenen Therapien und psychodynamisch orientierten Psychotherapien. Die Wahl und Gewichtung der einzelnen Behandlungskomponenten ist dabei nicht beliebig, sondern wird im Einzelfall auf das diagnostische Profil, die Bedürfnisse und Vorlieben der individuellen Patienten, des Säuglings, beider Eltern und der Familie zugeschnitten.

Entwicklung der Kommunikationstherapie als kindgeleitete Unterstützung der intuitiven elterlichen Kompetenzen

Die psychotherapeutische Arbeit auf der Kommunikationsebene umfaßt eine Reihe differenzierter Verfahrenstechniken, die sich je nach Entwicklungsstand des Kindes, Störungsbild und Interaktionskontext unterscheiden, die aber auf das gleiche therapeutische Ziel hinauslaufen. Kind und Eltern soll ermöglicht werden – zunächst wenigstens in einem Alltagskontext –, sich aktiv auf eine entspannte Interaktion einzulassen und sie in ihrer positiven Gegenseitigkeit zu erleben und zu genießen. Der Therapeut wirkt im Hintergrund als sichere Basis und unterstützt Mutter und/oder Vater darin, sich auf der Ebene des Babys zu entspannen (bei kleinen Babys vis-à-vis im Stühlchen oder auf der Wickelunterlage; bei älteren Babys und Kleinkindern auf dem Boden), das Kind zu beobachten und sich von seinen Interessen und Initiativen leiten zu lassen. Dies Vorgehen zielt darauf ab, die selbstregulatorischen Fähigkeiten des Kindes, seine inneren Motivationen zu Selbstwirksamkeit, Erfahrungsintegration und Kommunikation auf der einen und die intuitiven elterlichen Fähigkeiten und ihre Motivationen auf der anderen Seite zu aktivieren. Auf solche Weise können die protektiven regulatorischen Funktionen der vorsprachlichen Kommunikation freigesetzt und therapeutisch nutzbar gemacht werden.

Unter günstigen Bedingungen, die bei Bedarf vom Therapeuten inszeniert und unterstützt werden, ist die Wahrscheinlichkeit groß, daß das Baby, gesteuert von seinen angeborenen Vorlieben, unter der aufmerksamen Zuwendung der Mutter oder des Vaters (und des Therapeuten im Hintergrund) die Initiative ergreift, Kontakt aufnimmt oder mit positiven Feedbacksignalen auf die Zuwendung reagiert. Je nach Kontext wird das Baby statt mit Blickvermeidung, Quengeln oder Schreien mit Blickzuwendung, Lächeln und Gurrlauten reagieren, statt mit Steifmachen auf dem Arm mit Nähesuchen und Ankuscheln, statt mit Ankämpfen gegen die Einschlafhilfen mit Selbstberuhigung und Einschlafen, statt mit Nahrungsverweigerung mit Appetit und Freude am Essen.

Die innere Motivation der Eltern zur intuitiven Verhaltenssteuerung ihrer elterlichen Verhaltensbereitschaften scheint besonders eng an die Rückkoppelungssignale des Babys gebunden zu sein, die als hochwirksame Verstärkungsmechanismen, aber auch als demotivierende, den eigenen Mißerfolg bescheinigende Hemmungsmechanismen wirken können (Papoušek 1995). Ein positiver Wechsel im kindlichen Feedback allein kann unmittelbar die intuitiven Verhaltensbereitschaften der Mutter* wecken und ihre genuine Kompetenz von hemmenden Gefühlen der Hilflosigkeit, Depression oder Ambivalenz befreien. Dies löst bei der Mutter ein neues Gefühl von Selbstwirksamkeit und Selbstvertrauen in die eigene Kompetenz aus. Umgekehrt erfährt das Baby durch die aktivierten intuitiven Verhaltensbereitschaften der Mutter angemessene regulatorische Unterstützung für seine dialogischen Bedürfnisse nach Selbstwirksamkeit, Integration von Erfahrungen und kommunikativem Austausch in der »Zone der proximalen Entwicklung« (Vygotski 1978).

In Anbetracht der intuitiven, nicht bewußten Steuerung der elterlichen Verhaltensbereitschaften sind, insbesondere für die

* Dies gilt im folgenden genauso für den Vater.

Kommunikation mit jungen Säuglingen, konkrete, direktive Verhaltensanweisungen an die Mutter zu vermeiden. In der Regel reicht es, sich auf die heilenden Auslösefunktionen des kindlichen Rückkoppelungsverhaltens zu verlassen. Bleibt das Baby passiv oder abwehrend, kann der Therapeut die Bereitschaft des Babys zu Kontaktinitiativen mit der Mutter durch Berücksichtigung seiner wechselnden Verhaltenszustände und durch kontingentes Nachahmen kindlicher Verhaltensformen erhöhen. Reichen die kindlichen Initiativen nicht aus, die Blockierung der intuitiven Verhaltenssteuerung zu durchbrechen, genügt manchmal eine einfache, eher indirekte Empfehlung, nämlich das Baby genau zu beobachten, abzuwarten und jedes mimische, stimmliche oder gestische Verhalten des Babys nachzuahmen. Die dabei entstehenden wechselseitigen Kontingenzen motivieren das Baby zu verstärkter Initiative, die ihrerseits die intuitive Verhaltenssteuerung bei der Mutter in Gang setzen kann. Kommt es im Zustand von Übermüdung zu exzessivem, unstillbarem Schreien, wird die Mutter darin unterstützt, das Baby zu beruhigen und zum Schlafen zu bringen.

Bei älteren Säuglingen haben sich verhaltenstherapeutische Techniken bewährt, um auf der Kommunikationsebene unmittelbare Veränderungen zu bewirken, insbesondere beim Vorliegen dysfunktionaler Interaktionsmuster beim Schlafenlegen, Grenzensetzen, Füttern oder bei kurzen Trennungen. Die gestörten Kommunikationsmuster bestehen oft bereits monatelang und laufen auf automatisierte, ritualisierte und zunehmend rigide Weise ab. Voraussetzung für die Kommunikationstherapie ist eine genaue sequentielle Analyse der beobachteten Interaktionsmuster. Die bloße Registrierung von mangelnder emotionaler Verfügbarkeit, Anspannung oder Zudringlichkeit der Mutter ist weder ausreichend noch therapeutisch hilfreich. Die Probleme des Kindes in seiner emotionalen Regulation – wie dysphorische Stimmung, exzessives Anklammern, Trennungsängste, Wutanfälle oder aggressive Formen der Kontaktaufnahme – sind pathogenetisch an dysfunktionale Kontingenzbeziehungen mit dem elterlichen Verhalten gebunden. Das Problemverhalten wird verstärkt durch eine oft ausschließlich darauf ausgerichtete Aufmerksamkeit und Responsivität der Eltern, gepaart mit einer Vernachlässigung der kindlichen Bedürfnisse nach Selbstwirksamkeit und Autonomie. Dabei schaukeln sich die negativen Emotionen der Eltern – Gespanntheit, Hilflosigkeit, Angst, Schuldgefühle oder Ablehnung – infolge der negativen Gegenseitigkeit hoch.

Ziel der verhaltenstherapeutischen Techniken ist es, die gestörten Kommunikationsmuster durch funktionale Kommunikationsmuster zu ersetzen, in denen das Baby einfühlsam in seinen selbstregulatorischen Fähigkeiten, Bedürfnissen nach Sicherheit, Selbstwirksamkeit, Erkundung und Autonomie unterstützt wird und die Mutter positive Rückkoppelung, Erfahrungen der Selbstwirksamkeit und wachsendes Selbstvertrauen in ihre eigenen mütterlichen Fähigkeiten gewinnt.

So macht sich die Behandlung der Fütterstörungen zum Beispiel die kindliche Motivation zur Selbstwirksamkeit (selber essen, eigenes Kontrollieren der Nahrungsmenge) und den Appetit (Freude am Essen) zunutze und sucht diese durch kontingente Bestärkung zu unterstützen. Ein erster Schritt besteht im Einführen von überschaubaren Essensregeln zur Förderung des Appetits: feste Mahlzeiten, altersangemessene Nahrungsangebote nur zu den Mahlzeiten, Vermeiden von Druck und Zwang, Beenden der Mahlzeit bei Sättigungssignalen. Je nachdem ob die Interaktionsmuster in Form von angstgetönter Abwehr, Ablenkungsspielchen, Machtspielchen oder Widerstand gegen Zwang entgleist sind, haben sich unterschiedliche verhaltenstherapeutische Techniken bewährt wie Desensibilisierung, Löschung, Lernen am Modell.

Im Rahmen der videogestützten Interaktionsanleitung werden nahezu regelmäßig psychodynamisch relevante Affekte und Themen aktualisiert, die in anschließenden psychotherapeutischen Gesprächen aufgefangen und weiter bearbeitet werden: mütterliches Versagen in der Ernährerrolle, Angst um Gedeihen und Überleben, Leistungsdruck in der Mutterrolle, Grenzsetzungskonflikte oder Abwehr gegenüber eigener Sucht oder eigenen Zwängen.

Zur Rolle des Videofeedbacks in der Kommunikationstherapie.

Videogestützte Analysen der Säuglings-Eltern-Kommunikation haben sich zu einem Kernstück der frühen Diagnostik entwickelt. Ebenso ist ein regelmäßiger, aber sorgsamer Einsatz von Videofeedback nicht mehr wegzudenken für jeden, der damit im Kontext einer positiven therapeutischen Beziehung umzugehen gelernt hat. Losgelöst vom unmittelbaren Interaktionsgeschehen mit dem Kind kann das Beobachten des kindlichen und des eigenen Verhaltens durch die Eltern gemeinsam mit dem Therapeuten auf vielfältige Weise genutzt werden. Durch Rückspiegelung positiver Interaktionssequenzen kann das elterliche Selbstvertrauen in die eigene Kompetenz gestärkt werden (McDonough 1993). Die Fokussierung auf schwer lesbare Signale des Säuglings wird eingesetzt, um den Eltern die regulatorischen oder motorischen Verhaltensprobleme des Kindes verständlich zu machen und die Eltern in der Wahrnehmung der kindlichen Signale zu schulen. Bei Ausrichtung auf dysfunktionale Sequenzen, unklare Signale im elterlichen Kommunikationsverhalten oder dysfunktionale Kontingenzen (z. B. reagiert die Mutter auf Nahrungsverweigerung mit verstärkter Zuwendung oder Zwang, was das Baby mit gesteigerter Abwendung beantwortet) dient das Video regelrecht zum Einüben und Automatisieren unmißverständlicher Botschaften und funktionaler Kommunikationsmuster (z. B. nimmt die Mutter die Nahrungsverweigerung als Signal zur Beendigung der Mahlzeit, bietet aber Nahrung wieder an, sobald sich das Kind dem Essen zuwendet). Im fließenden Wechsel mit den genannten Interventionen auf der Kommunikationsebene wird das Videoplayback auch genutzt, um die subjektiven Wahrnehmungen und Empfindungen der Eltern anzusprechen, die ausgelösten Gefühle, Erwartungen und Phantasien.

Insgesamt ist das Videofeedback ein hoch wirksames, aber nicht ungefährliches Instrument, da die ungeschminkte Rückspiegelung der eigenen Affekte und Mißerfolge im Austausch mit dem Kind intensive Gefühle auslösen und die Eltern in ihrem ohnehin verunsicherten Selbstwertgefühl tief verletzen kann. Videofeedback sollte daher nur im Einverständnis mit den Eltern und nur mit großer Vorsicht, mit ausreichender Erfahrung und gestützt durch eine tragfähige therapeutische Beziehung eingesetzt werden.

Psychotherapeutische Interventionen auf der Ebene der Säuglings-Eltern-Kommunikation

Bei postpartalen Depressionen können die intuitiven elterlichen Kompetenzen möglicherweise durch die gleichen Mechanismen blockiert werden, die auch die depressive Antriebshemmung und das »Gefühl der Gefühllosigkeit« bedingen. Bei agitierten Depressionen können dagegen überstimulierende Kommunikationsmuster im Vordergrund stehen. Unangemessene Erwartungen, intensive Gefühle von Angst oder Aggression, Phantasien oder unbewußte Reinszenierungen dysfunktionaler Kommunikationsmuster aus neurotisch konflikthaften Beziehungen der Vergangenheit können als »Gespenster im Kinderzimmer« mit den intuitiven elterlichen Verhaltensbereitschaften interferieren oder die elterlichen Wahrnehmungen der kindlichen Signale verzerren.

In solchen Fällen ist der Therapeut jeden Moment bereit, die evozierten Gefühle und Repräsentationen anzusprechen und sich frei zwischen den Ebenen des beobachtbaren Verhaltens und der inneren Repräsentationen, zwischen der gegenwärtigen Beziehungserfahrung und den konfliktbelasteten Beziehungen der Vergangenheit zu bewegen (Lojkasek, Cohen u. Muir 1994).

Die Mühelosigkeit, mit der der therapeutische Prozeß zwischen den beiden Ebenen fluktuieren kann, scheint mit den alten Kontroversen und kategorischen Abgrenzungen zwischen verhaltenstherapeutischen und psychodynamischen Konzepten nur schwer vereinbar zu sein. Die Frage, auf welche Weise Verhaltens- und Repräsentationsebene der vorsprachlichen Kommunikation miteinander verknüpft sind, ob und wo ein gemeinsames Bindeglied zu finden ist, hat erst in den letzten Jahren klinische, aber noch kaum wissenschaftliche Aufmerksamkeit geweckt (Lojkasek et al. 1994; Stern 1995). In der französischen (Lebovici 1990) und französisch-schweizerischen (Cramer 1995) Tradition der *analytischen Mutter-Säuglings-Psychotherapien* spielt sich der therapeutische Prozeß ausschließlich auf der Ebene der mütterlichen Repräsentanzen ab. Die Präsenz des Säuglings wird genutzt, um anhand von »symptomatischen Interaktionssequenzen«, die das Konfliktthema in Szene setzen, etwaige Verzerrungen der mütterlichen Wahrnehmung zu illustrieren und den neurotischen Kernkonflikt der Mutter zu interpretieren. Als Voraussetzung für therapeutische Veränderungen auf der Verhaltensebene gilt es, den unbewußten Beziehungskonflikt mit Hilfe verbaler Interpretation bewußt zu machen. In der kalifornischen Tradition der von Selma Fraiberg (1980) entwickelten Säuglings-Eltern-Psychotherapie (Barth 1994; Lieberman u. Pawl 1993) sind es darüber hinaus auch die korrigierenden Bindungserfahrungen der Mutter im Kontext einer unterstützenden therapeutischen Beziehung, die eine therapeutische Veränderung der mütterlichen Repräsentanzen bewirken, die ihrerseits die Interaktion mit dem Baby positiv beeinflussen. Die Präsenz des Säuglings gilt als wirksamer Katalysator für Veränderungen bei den Eltern auf der Ebene der Repräsentationen, indem er ihre Hoffnungen und tiefsten Sehnsüchte nach Erneuerung und Wiedergeburt weckt (Fraiberg, Shapiro u. Cherniss 1980).

Die in München entwickelte Form der Kommunikationstherapie, einer kindgeleiteten Unterstützung der intuitiven elterlichen Kompetenzen, sucht den Säugling als aktiven Partner in den therapeutischen Prozeß einzubeziehen. Ähnlich wie in der säuglingsgeleiteten Psychotherapie »watch, wait, and wonder« (Muir 1992) oder in dem Konzept der »interactional guidance« (McDonough 1993) wird ein geschützter »Spielraum« geschaffen, in dem alle Aufmerksamkeit von Mutter und Therapeut (im Hintergrund) auf die momentanen Bedürfnisse, Interessen oder regulatorischen Probleme des Kindes ausgerichtet ist. Die Therapie macht sich die kindliche Initiative zu aktiver Exploration, Spiel und Kommunikation mit der Mutter zunutze, die inneren

Motivationen des Säuglings in bezug auf das Auslösen kontingenter (d. h. responsiver) mütterlicher Stimulation, in bezug auf Selbstwirksamkeit und selbstregulatorische Kompetenz. In anderen Situationen kann das aktive Suchen nach Nähe und Geborgenheit am Körper der Mutter im Vordergrund stehen. Dabei nutzt die Therapie auch das dynamische Veränderungspotential der phasentypischen Reifungs- und Entwicklungsprozesse. Sie baut dabei auf die Unwiderstehlichkeit und Belohnungskraft des kindlichen Lächelns, seiner Blickzuwendung und seiner Wohlbehagenslaute, die die intuitiven elterlichen Verhaltensbereitschaften aus ihrer Hemmung, Verschüttung oder Abspaltung befreien und sowohl in ihrer Ausprägung als auch in ihrer Abstimmung auf die kindlichen Signale stärken können. Im gleichen Zuge macht sie sich das Potential der intuitiven elterlichen Kompetenzen zunutze, um dem Säugling eine optimal abgestimmte regulatorische Unterstützung zuteil werden zu lassen.

Eine Veränderung auf der Verhaltensebene bei einem Partner kann so beim anderen Partner eine unmittelbare Verhaltensänderung bewirken, und über diesen Weg auch Veränderungen in den Repräsentationen und der Mutter-Säuglings-Beziehung induzieren. In seiner Analyse der »motherhood constellation« nimmt Stern (1995) an, daß die aktuellen Mutter-Kind-Interaktionen als gegenwärtiger Erinnerungskontext wirken, der unwillkürlich und vorbewußt die Erinnerungsspuren der integrierten vorsprachlichen Beziehungserfahrungen mit der eigenen Mutter aus dem episodischen Gedächtnis abruft. Stern (1986) geht von der Annahme aus, daß die vorsprachlichen Erfahrungen episodisch integriert und gespeichert werden. Das gespeicherte prozedurale »Know-how« der vorsprachlichen Kommunikation aus den typischen Alltagsepisoden des Fütterns, Wickelns, Beruhigens oder Schlafenlegens schließe die dazugehörigen sensorischen Eindrücke und motorischen Verhaltensmuster, die Emotionalität und Erregungsdynamik ein und sei durch Hinweisreize aus ähnlichen Episoden wieder evozierbar.

Der direkte Austausch mit dem Baby aktiviert nicht nur das universelle intuitive »Wissen« der Eltern über den kommunikativen Umgang mit ihrem Baby (Papoušek u. Papoušek 1987), sondern auch das »implizite Beziehungswissen« der vorsprachlichen Kommunikationserfahrungen (Stern 1986). Der gegenwärtige Kontext mit seinen Gefühlen, Empfindungen, Wahrnehmungen, Gedanken und Kontextmerkmalen triggere sowohl die gespeicherten Erfahrungen, die die Mutter als Baby in der Kommunikation mit ihrer Mutter erlebt habe, als auch die gleiche Kommunikationserfahrung aus der Perspektive ihrer Mutter, die sie empathisch durch Nachahmung und primäre Identifikation miterlebt habe (Stern 1995).

Die intuitive, nicht bewußte Ebene des prozeduralen Beziehungswissens läßt sich als Bindeglied zwischen Verhaltensebene und bewußter Repräsentationsebene der Eltern-Säuglings-Kommunikation denken. Sie scheint in besonderer Weise für therapeutische Interventionen empfänglich zu sein, die sowohl auf die selbstregulatorischen Ressourcen des Kindes wie auf die intuitiven elterlichen Kompetenzen zurückgreifen (Papoušek 1997). Auch ohne den Umweg über Bewußtsein und Bewußtmachung können neue, therapeutisch wirksame Beziehungserfahrungen positiver Gegenseitigkeit und Veränderungsprozesse auf der Repräsentationsebene induziert werden. Gleichzeitig werden auf seiten des Kindes altersangemessene Entwicklungsprozesse angestoßen, die je nach Entwicklungsalter den nächsten motorischen Meilenstein, die affektive Verhaltensregulation, Exploration und Spiel, integrative Prozesse und/oder Kommunikation und Sprache betreffen können.

Behandlungsergebnisse

Das Programm der Sprechstunde war nicht als Therapie-Evaluationsstudie konzipiert. Es liegen jedoch globale klinische Bewertungen der Behandlungserfolge vor. Allgemein wurde die Behandlung im gemeinsamen Einverständnis von Eltern und Therapeut als beendet betrachtet, wenn die Eltern genügend Selbstvertrauen in ihre Früherziehungskompetenzen (zurück)-gewonnen hatten und die Probleme des Kindes gelöst waren. In diesem Sinne erreichten nach der ersten Episode über 60 % eine vollständige Besserung, weitere 30 % eine deutliche, aber nur partielle Besserung, hatten aber inzwischen eine externe psychotherapeutische Behandlung begonnen. Den übrigen 10 % konnte wegen vorzeitigen Behandlungsabbruchs oder mangelnder Kooperation nicht in dem gewünschten Maß geholfen werden.

Die Dauer der Behandlung umfaßte bei über der Hälfte der Fälle nur zwei bis drei Termine. Gut ein Drittel benötigte zwischen vier und sechs Termine. Die übrigen Familien wurden kontinuierlich über lange Zeit stützend begleitet, einige von ihnen während einer externen individuellen Psychotherapie oder psychiatrischen Behandlung der Mutter. Zu erneuten Besuchen in späterem Alter und damit zu intermittierenden Therapieverläufen kam es insgesamt bei knapp einem Drittel der Fälle.

Abschließende Bemerkungen

Das Münchner Modell der interaktionszentrierten Säuglings-Eltern-Beratung und -Psychotherapie geht von einer *systemischen Sichtweise* aus, die alle Störungsbilder der frühen Kindheit, eine primär kindliche Regulationsproblematik ebenso wie eine Wochenbettdepression der Mutter, im Kontext eines dynamischen transaktionalen Entwicklungsprozesses zu betrachten versucht, in dessen Mittelpunkt die Kommunikation zwischen Eltern und Kind in alltagstypischen Kontexten steht.

Der Zugang zu dem System kann – alternativ, gleichzeitig oder zeitlich aufeinanderfolgend – durch unterschiedliche Eintrittspforten erfolgen und multifokal ausgerichtet sein (s. auch Stern 1995), wobei jedoch die Säuglings-Eltern-Kommunikation im Hier und Jetzt des therapeutischen Settings den unmittelbarsten Zugang erlaubt und zugleich den Fokus der Behandlung darstellt. Eine Reihe unterschiedlicher Techniken aus bewährten Therapieverfahren und Disziplinen werden, abgestimmt auf die individuellen Bedürfnisse von Kind, Eltern und Familie, flexibel kombiniert und in den jeweiligen Behandlungsplan integriert.

Die Behandlung zielt auf die rasche Auflösung dysfunktionaler Kommunikationsmuster in den Eltern-Kind-Beziehungen und Ersatz durch beiderseits belohnende Kommunikationserfahrungen ab, die ihrerseits positive Veränderungen auf der Ebene der evozierten Emotionen und Repräsentanzen induzieren. Wie in anderen Verfahren der Eltern-Säuglings-Psychotherapie, der Interactional guidance oder Entwicklungsberatung, nutzt die Behandlung die Eltern-Therapeut-Beziehung als unverzichtbaren Wirkfaktor (Lieberman u. Pawl 1993; Lojkasek et al. 1995; McDonough 1993; Murray u. Cooper 1996; Sadeh u. Anders 1993; Stern 1995). Diese kommt vor allem als sichere Basis für Mutter und Säugling zur Geltung. Sie wirkt empathisch und unterstützend für Mutter und Säugling, kann ihrerseits eine korrektive emotionale Beziehungserfahrung ermöglichen oder zum Schauplatz einer Reinszenierung werden, die durch Bearbeitung der Übertragungs-/Gegenübertragungsmuster aufgelöst werden kann.

Abweichend von und dezidierter als in anderen Beratungs- und Therapieformen jedoch nutzt die Behandlung die systemimmanenten Ressourcen der vorsprachlichen Kommunikation, die in den intuitiven Kompetenzen der Eltern, im kindlichen Entwicklungspotential und seinen angeborenen Fähigkeiten und inneren Motivationen wurzeln. Durch Aktivierung dieser Selbstheilungskräfte kann das System auf der Ebene einer positiven Gegenseitigkeit neue Stabilität finden. Erreichbar wird dies vor allem dank der aktiven Mitgestaltungskraft und Selbstwirksamkeitserfahrung des Säuglings und des wachsenden Selbstvertrauens der Eltern in die eigenen Kompetenzen.

Der Vorteil des Münchner Behandlungsmodells gegenüber anderen Verfahren der traditionellen Mutter-Säuglings-Psychotherapien liegt in dem meist raschen Wirkungseintritt nach ein bis drei Sitzungen und der direkten Entwicklungsförderung, die dem Säugling zuteil wird. Damit scheint es der Dynamik der frühkindlichen Entwicklung und der noch fragilen Eltern-Kind-Beziehungen in besonderem Maß gerecht zu werden.

Kai von Klitzing

Die Bedeutung des Vaters für die frühe Entwicklung*

Entwicklungspsychologische Argumente für die Einbeziehung des »Dritten« in den therapeutischen Prozeß

Kinder, die wir in der kinderpsychiatrischen Sprechstunde sehen, wachsen viel häufiger von ihren Vätern getrennt auf als ihre psychisch gesunden Altersgenossinnen und Altersgenossen. Von den 812 im Jahr 1995 an der Kinder- und jugendpsychiatrischen Universitätsklinik und -poliklinik Basel behandelten Patienten lebten 81 % in einem familialen Rahmen, das heißt mit mindestens einem Elternteil. Hiervon lebten aber nur 55 % mit beiden Eltern, dagegen 45 % mit einem Elternteil. In der schweizerischen Gesamtbevölkerung wachsen dagegen 87 % der Kinder mit beiden Eltern auf. Von den Patienten mit nur einem Elternteil lebten über 95 % nur mit der Mutter, wogegen Kinder, die beim Vater lebten, eine Ausnahme darstellten.

Es ist anzunehmen, daß diese »Vaterlosigkeit« eine ätiologische Bedeutung für die Störung hat, die ein Kind in die Behandlung führt, wobei sich hinter diesen Zahlen sehr komplexe Zusammenhänge verbergen. Umgekehrt könnte man vermuten, daß die Anwesenheit und beziehungsmäßige Verfügbarkeit des Vaters für die kindliche Entwicklung eine Ressource beziehungsweise einen protektiven Faktor darstellt. Da in der Kinderpsychiatrie die entwicklungspsychologische Betrachtungsweise von großer Bedeutung ist, stellt sich die Frage, ab wann und in welcher Form der Vater für die kindliche Entwicklung wichtig

* Die diesem Artikel zugrundeliegende Forschung wird vom Schweizerischen Nationalfonds gefördert.

ist. Zunächst soll ein kurzer historischer Überblick über relevante Ansichten zu dieser Frage gegeben werden.

Tiefgreifende Impulse für die Erforschung der psychischen Entwicklung des kleinen Kindes gab am Anfang des Jahrhunderts *Sigmund Freud*, vor allem mit der Entdeckung der infantilen Sexualität und deren Bedeutung. Freud, dem noch kaum systematische Säuglings- und Kleinkindbeobachtungen zur Verfügung standen, interessierte sich besonders für die Entwicklung und Dynamik des Triebes. Dasjenige oder diejenigen, an denen oder durch die der Trieb sein Ziel erreichen kann, bezeichnete er als *Objekte*. Freud betonte, daß das Objekt der variabelste Aspekt am Trieb sei. Gerade die frühe Sexualbetätigung sah er vorwiegend als autoerotisch an, also nicht auf ein menschliches Gegenüber gerichtet, mit einer Ausnahme, nämlich der des allerersten Sexualobjekts. »Als die anfänglichste Sexualbefriedigung noch mit der Nahrungsaufnahme verbunden war, hatte der Sexualtrieb ein Sexualobjekt außerhalb des eigenen Körpers in der *Mutterbrust*« (Freud 1905, S.123). Die Beziehung des kindlichen Selbst zur Mutterbrust, wohlgemerkt nicht zur ganzen Mutter, wird nach Freuds Auffassung zum Vorbild für jede spätere Liebesbeziehung. In dieser Sichtweise der ganz frühen Beziehungen hat der Dritte, der Vater, noch keinen Platz.

Der Vater erhält für Freud erst nach der Entdeckung des Geschlechtsunterschieds als Dritter angesichts der *ödipalen Beziehung* des Knaben zu seiner Mutter Bedeutung, und zwar als Rivale, dem der Junge unbewußt den Tod wünscht. Der Junge fürchtet die väterliche Rache in Form der Kastration. Als Lösung dieses Konflikts introjiziert das Kind das väterliche Verbot, was zur Bildung des Über-Ich führt (vgl. Freud 1924). Daß Freud diese strafende, rächende und unerbittliche Funktion des Vaters vor allem als einen Prozeß innerer Phantasien des Kindes sieht und keineswegs als Ausdruck realer Vater-Kind-Beziehungen, können wir aus einer der bedeutendsten Freudschen Fallgeschichten entnehmen, der »Analyse der Phobie eines 5jährigen Knaben (Der kleine Hans)« (Freud 1909). Das Material der Analyse des kleinen Hans hat Freud allein aus den Gesprächen mit dem Vater des Jungen gewonnen. Freud schreibt hierzu: »Nur die Vereinigung der väterlichen und der ärztlichen Autorität in eine Person, das Zusammentreffen des zärtlichen Interesses mit dem wissenschaftlichen ..., haben es in diesem Fall erlaubt, von der analytischen Methode Anwendung zu machen« (S. 243). Auch für das Mädchen tritt der Vater als Dritter erst in der ödipalen Entwicklungsphase als Liebesobjekt im Rahmen eines »Objektwechsels« auf den Plan, indem es sich nämlich von der Mutter als primärem Liebesobjekt ab- und dem Vater zuwendet (Freud 1931). Diese Sichtweise vom »Objektwechsel« impliziert, daß der Vater vorher als Liebesobjekt keine Bedeutung hatte.

Die zwei Analytiker *Melanie Klein* und *Jacques Lacan*, die sich sehr in der Folge von Freud verstanden, sahen die Bedeutung des Dritten, des Vaters, schon viel früher beziehungsweise grundsätzlicher:

Melanie Klein hatte in einem ihrer frühen Werke (1927) den Ödipuskonflikt als bereits im ersten Lebensjahr vorhanden angenommen. Bei Mädchen sah sie das eigentlich auslösende Motiv für die Zuwendung zum Vater nicht in der Entdeckung des Geschlechtsunterschieds, sondern in der Erfahrung, daß die mütterliche bedürfnisbefriedigende Funktion (»die Mutterbrust«) begrenzt ist und somit Versagung zumutet.

Jacques Lacan (1953) sah die Bedeutung des Dritten, des Vaters, als grundsätzlich für die menschliche Existenz an und nicht an eine Entwicklungsphase gebunden. Für ihn stellt aber nicht der real präsente Vater das wesentliche dritte Element dar, sondern dessen symbolische Funktion, die die Verschränkung Mutter/Kind aufbrechen muß. Die Einführung des »Nom (Non) du Père«, sowohl zu verstehen als der *Name* des Vaters als auch das *Nein* des Vaters, verhindert, daß das Kind einzig das Objekt des mütterlichen Begehrens wird. Dies eröffnet dem Kind die symbolisch-sprachliche Welt und bewahrt es vor der Psychose (vgl. auch Borens 1993).

Autoren wie *Donald W. Winnicott* und *Michael Balint* haben sich dagegen den ganz frühen, realen Umwelteinflüssen auf das Kind und vor allem den immensen Folgen dieser Einflüsse für die weitere seelische Entwicklung zugewandt. Winnicott (1962) geht davon aus, daß es für das Kind eine Mutter gibt, die *gut genug* ist, wenn sie sich in fast psychotischer Weise auf das Neugeborene einstellt. Das Fehlen einer solchen optimalen und haltenden Umwelt, wie sie diese Mutter zur Verfügung stellt, führt zu massiven psychischen Störungen.

In den 50er Jahren gab es eine große Anzahl von Wissenschaftlern (z. B. *René Spitz, John Bowlby* und *Margaret Mahler*), die ähnlich wie Winnicott die elementare Bedeutung frühester Beziehungserfahrung für die weitere kindliche Entwicklung erkannten und erforschten. Die Ergebnisse der nunmehr systematischen Säuglingsbeobachtungen waren für die klinische Praxis höchst relevant und hatten überdies noch segensreiche sozialpolitische Folgen, wie beispielsweise die Verbesserung des Beziehungsangebots in Säuglingsheimen oder die Öffnung der Kinderkliniken für die Eltern.

Der Nachteil aber bestand darin, daß sich all diese Sichtweisen rein *dyadisch* ausrichteten, triadische Beziehungsdynamiken für die ersten Lebensmonate und -jahre als wenig relevant ansahen und somit der Vater als Beziehungsperson für den Säugling und das Kleinkind weitgehend vernachlässigt wurde. So wird in Margaret Mahlers (1968) Konzept von *Symbiose* und *Individuation* der Vater erst im 2. Lebensjahr bedeutsam, und zwar als Garant für die kindliche Individuation. Das Kind löst sich am Ende des 1. Lebensjahres zunehmend aus der symbiotischen Beziehung zur Mutter und fühlt sich immer wieder davon bedroht, in den regressiven Sog der Symbiose mit der Mutter zurückgezogen zu werden. In dieser Sichtweise wird dann der Vater zum Retter vor der wieder verschlingenden Mutter.

Mittlerweile konnte durch genauere Beobachtungsmethoden (z. B. Videotechnik) eine Reihe von revolutionären Erkenntnissen über die frühe Beziehungsentwicklung des Säuglings gewonnen werden:

- Der Säugling spielt in der Beziehung zu seiner primären Bezugsperson von Beginn an eine aktive und gestaltende Rolle, ist also nicht einfach nur der »Symbiose« oder der »Bindung« ausgeliefert.

- Der Säugling ist von Beginn an in der Lage, differentielle Beziehungen zu unterschiedlichen Bezugspersonen aufzubauen.
- Eltern verfügen über ein genetisch angelegtes und durch die emotionale Beziehung zum Kind wachgerufenes Verhaltensrepertoire, mit dessen Hilfe sie sich ohne bewußte Steuerung auf die Bedürfnisse des Säuglings einstellen können.

Das Ehepaar *Papoušek* kam dabei aufgrund mikroskopischer Analysen von Säuglings-Eltern-Interaktionen zu der Erkenntnis, daß »Mütter und Väter gleichermaßen dafür vorbereitet sind, kindliche Signale wahrzunehmen und daraus den jeweiligen Zustand der Aufmerksamkeit, Aufnahmebereitschaft und Belastbarkeit des Kindes abzulesen« (M. Papoušek 1987, S. 40). In allen intuitiven elterlichen Verhaltensanpassungen an die Bedürfnisse des Säuglings fanden sie bis in den mikrostrukturellen Bereich hinein keinen Unterschied zwischen Müttern und Vätern.

Gemäß unserer heutigen Sichtweise spielt für die seelische Entwicklung des Säuglings und Kleinkindes von Anfang an die Anwesenheit des realen Vaters eine große Rolle. Andererseits geht es aber auch um die interpersonale und intrapsychische *Bedeutung* des Dritten, die der Vater als Person, aber auch »als Prinzip« (Bürgin, im Druck) für die Entwicklung hat.

Wird ein Kind gezeugt, so müssen immer eine Mutter und ein Vater vorhanden sein, das heißt für das Kind ist die *Triade* die *primäre Beziehungsform*, in die es hineingeboren wird (vgl. den Beitrag von Bürgin in diesem Band). Für die elterliche Beziehung bedeutet die Elternschaft – besonders beim ersten Kind – einen Übergang von der Zweier- zur Dreierbeziehung, von der Dyade zur Triade. Mit diesem interpersonalen Übergang geht ein intrapsychischer Prozeß einher, den wir mit dem Begriff *Triangulierung* bezeichnen. Dieser beschreibt die innere Fähigkeit eines Menschen, in der Beziehung zu einem Gegenüber einen Dritten zulassen, wenn nicht sogar integrieren zu können. Wir wissen alle aus der klinischen Erfahrung, wie sehr diese Fähigkeit gerade bei schweren psychischen Störungen fehlen kann.

Für die kindliche Entwicklung ist es entscheidend, ob die Eltern zur triangulären Beziehungsgestaltung fähig sind. Denn sonst gerät das Kind in eine Beziehungsdynamik, in der es dauernd in eine nicht entwicklungsgerechte Fusion mit einem Elternteil hineingezogen und von der öffnenden Beziehung zum zweiten Elternteil abgeschnitten wird. Gerade wenn es im Übergang zur Elternschaft zu einer Trennung oder Scheidung der Eltern kommt, wird diese Dynamik oft wirksam.

Aufgrund dieser Überlegungen gehen wir in unserer Basler Arbeitsgruppe »Frühe Kindesentwicklung und Familienbeziehung« bei der Erforschung der kindlichen Entwicklung und seiner pathologischen Abweichungen von einem triadischen Bezugsrahmen aus, woraus sich oft völlig andere Sichtweisen ergeben als die traditionell eher dyadisch ausgerichteten Entwicklungsmodelle. Rein faktisch führt das dazu, daß wir sowohl im therapeutischen als auch im wissenschaftlichen Rahmen immer versuchen, den Vater als dritten in die Untersuchungen einzubeziehen. Ist er nicht vorhanden oder nicht erreichbar, so thematisieren wir zumindest die Vorstellungen und Phantasien der Mutter und/oder des Kindes über diese dritte Person. Wenn ich von der Mutter als zweiten und dem Vater als dritten spreche, so spiegelt dies eine in unserem Kulturbereich besonders häufige Aufteilung in der Kinderbetreuung wider. Selbstverständlich könnten die Verhältnisse aber auch umgekehrt sein.

Die Beziehungserfahrungen im ersten Lebensjahr, die sich in unzähligen affektiv bedeutsamen Interaktionen mit den primären Pflegepersonen vollziehen, sind für die kindliche Entwicklung von besonders prägender Bedeutung. Die Haltung der Eltern, deren Einstellung auf die emotionalen Bedürfnisse des Kindes und der frühe Eltern-Kind-Dialog (wobei hierbei nach Spitz 1963, vor allem der emotionale Austausch gemeint ist) sind dafür ausschlaggebend, ob das Kind eine gesunde Selbstentwicklung vollziehen kann. Diese Feststellung ist nach wie vor richtig, auch wenn in letzter Zeit mit Recht auf die angeborenen, biologisch festgelegten Verhaltens- oder Temperamentseigenschaften hingewiesen wurde, die die Individualität des Kindes von Anfang an kennzeichnen und die Beziehung zu den Eltern wesentlich mit gestalten. Von großem Interesse ist, wie sich die Innenwelt der Eltern, ihre bewußten und unbewußten Vorstellungen von ihrem Kind und ihren Beziehungen zu ihm auf die beobachtbaren Eltern-Kind-Interaktionen und auf die psychische Entwicklung des Kindes auswirken. Für die Mutter-Kind-Interaktion ist der Zusammenhang zwischen der mütterlichen Verarbeitung eigener Kindheitserfahrungen und der kindlichen Beziehungsentwicklung bereits vielfach nachgewiesen worden. In der Sprache der Bindungstheorie heißt das: Die Arbeitsmodelle (»Working Models«) der Mutter von ihrer eigenen Bindungsgeschichte haben einen prägenden Einfluß auf ihr Bindungsverhalten und dadurch auch auf die Bindungssicherheit des Kindes, wie sie sich am Ende des ersten Lebensjahres als stabiles Muster experimentell darstellen läßt (Fonagy et al. 1991).

In einer eigenen Studie haben wir empirisch untersucht, inwieweit darüber hinaus die Vorstellungswelt auch der zweiten Beziehungsperson (meist des Vaters als Drittem im Bunde) sowie die elterliche Partnerschaft und deren Repräsentation in der Innenwelt der Elternfiguren einen Einfluß auf die Interaktion und die frühe kindliche Entwicklung haben. Wir haben dazu eine prospektive Längsschnittuntersuchung an 41 Elternpaaren und ihrem ersten Kind durchgeführt. Mittels eines Interviews wurden die elterliche Innen- und Beziehungswelt schon während der Schwangerschaft ausführlich erfaßt, zu einem Zeitpunkt also, zu dem die Eltern noch über keine Beziehungserfahrungen mit ihrem realen Baby verfügten (die Methodik ist ausführlich dargestellt in von Klitzing et al. 1995 und 1996). Wir verglichen diese Informationen aus der Innen- und Repräsentanzenwelt der Eltern mit den beobachtbaren Interaktionen beider Eltern mit ihrem inzwischen 4 Monate alten Säugling in einem gemeinsamen Spielsetting (zur Methodik vgl. Corboz, Fivaz et al. 1993). Es zeigte sich, daß die Qualität der Dreierinteraktion Eltern–Kind signifikant mit den pränatal bereits erfaßten intrapsychischen und interpersonalen Beziehungsqualitäten der Eltern zusammenhing. Darüber hinaus stießen wir auf einen signifikanten Zusammenhang zwischen dem Interaktionsverhalten des Babys und der vor der Geburt schon erfaßbaren inneren Einstellung des Vaters. Die 4monatigen Säuglinge waren nämlich um so fähiger und bereiter, wechselseitig mit *beiden* Eltern einen lustvollen Kontakt einzugehen (Trilog),

- je offener und ambivalenzfähiger die Väter sich pränatal in ihrer Persönlichkeit und vor allem in der Beziehung zu ihren Partnerinnen gezeigt hatten,
- je reichhaltiger und flexibler ihre Vorstellungen vom werdenden Kind waren,
- je mehr sie sich als relevante Beziehungpersonen für ihr Kind schon im Säuglingsalter ansahen, ohne die Partnerin innerlich auszuschließen,
- je mehr sie in einem offenen und emotionalen Dialog mit ihren Partnerinnen standen,
- und je mehr sie ihre Erfahrungen mit ihren eigenen Eltern zu einem kohärenten Selbstbild integriert hatten.

Wir wissen nicht genau, welchen Einfluß die Fähigkeit eines Säuglings zur triadischen Interaktion auf seine weitere Entwicklung hat. Sie scheint eine frühe Möglichkeit des Babys zu beinhalten, die familialen Beziehungsabläufe aktiv mit zu gestalten und ein wahres Selbst im Sinne Winnicotts (1960), ein Gefühl der Echtheit der eigenen spontanen Geste also, zu entwickeln. Hypothetisch gehen wir davon aus, daß der sich wiederholende wechselseitige, lustvolle und spielerische Austausch zwischen beiden Eltern und dem Kind, in dem niemand ausgeschlossen wird, für dessen Selbstentwicklung äußerst förderlich ist.

Die Ergebnisse unserer Forschung machen deutlich, daß die Art und Weise, wie Väter ihre innere Beziehung zu ihrem Kind gestalten, schon von Anfang an einen Einfluß auf die Säuglingsentwicklung hat. Hieraus schließen wir, daß es sinnvoll ist, die Väter in den psychotherapeutischen Prozeß so früh wie möglich (möglichst schon pränatal) einzubeziehen und ihre Bedeutung für eine positive Entwicklung des Säuglings ihnen und den Müttern gegenüber explizit zu betonen. Die therapeutische Arbeit an der Partnerschaftsdynamik im Übergang zur Elternschaft und an den inneren Einstellungen beider Eltern gegenüber dem Kind stellt einen ausgesprochen effektiven Ansatzpunkt für die Förderung der Eltern-Kind-Beziehung und damit auch der kindlichen Entwicklung dar. Wir hatten den Eindruck, daß unser während der Schwangerschaft und im ersten Lebensjahr des Kindes eingesetztes »Basler Elterninterview«, das primär als Forschungsinstrument konzipiert ist, nicht zuletzt deshalb oft auch eine therapeutische Wirkung erzielt, weil in ihm die Bedeutung *beider* Eltern betont und die Vorstellungswelt auch des Vaters bezüglich des Kindes evaluiert wird. Die Vater-Kind-Beziehung stellt eine besonders wichtige Ressource dar, wenn die emotionale Besetzung des Kindes durch die Mutter gestört oder unterbrochen ist, wie dies beispielsweise in Phasen mütterlicher Postpartumdepressionen der Fall ist (vgl. Hossain, Field et al. 1994). Wie sich das frühe väterliche Engagement auf die sich entwickelnde Repräsentanzenwelt des Kindes auswirkt, ist ein faszinierendes Thema weiterer longitudinaler Forschung.

Wie sieht es nun mit der Bedeutung des Vaters für das Kind am Ende des ersten und im zweiten Lebensjahr aus? Der Bostoner Kinderpsychoanalytiker *James Herzog* (in Vorb.) hat eine langfristige Beobachtungsstudie an 8 Familien im häuslichen Rahmen mit erst- und teilweise zweitgeborenen Kindern durchgeführt, um den Einfluß der Dreierbeziehung (»Triade«) auf die sich entwickelnde Spielfunktion zu untersuchen. Die Beobachtungen im 2. Lebensjahr der Kinder zeigten, daß jeder Elternteil unterschiedliche Rollen im Spiel mit dem Kind übernimmt. Die Mütter tendieren dazu, sich homöostatisch einzustimmen und dem Ausmaß an Intensität, Komplexität und Affektivität, die ihre Kinder ins Spiel einbringen, anzupassen. Väter dagegen versuchen sich mit ihren Kindern auf eine Weise zu beschäftigen, die durch erhöhte Intensität, verminderte Komplexität und ein gesteigertes Affektivitätsniveau charakterisiert ist. Ein Kind, das mit zwei Eltern aufwächst, kann also Erfahrungen sowohl damit sammeln, daß seine Beziehungspartner sich ihm anpassen, als auch damit, daß es sich selbst diesen anpassen muß. Für die Entwicklung der kindlichen Fähigkeit, mögliche überwältigende interne und externe Angriffe (Traumata) zu tolerieren, ist nach Herzog wichtig, daß es sowohl intensive und vielfältige *Stimulationen* (»väterlicher Modus«) als auch Sicherheit durch die *homöostatische Einstimmung* (»mütterlicher Modus«) erlebt. Aus den Erfahrungen mit beiden Spielmodi scheint sich daraus eine Art Barriere gegen traumatogene Einflüsse zu bilden. Das Kind erfährt zudem durch die Unterschiedlichkeit der Spielerfahrungen mit Mutter und Vater auch etwas über die Beziehung der Eltern untereinander. Herzog (in Vorb.) faßt zusammen:

»Wenn der väterliche Beitrag durch seine brüsk-unterbrechende Art der Einstimmung für den Aufbau eines Schutzschildes gegen eine Entgleisung der Ich-Funktion des Spiels wesentlich ist, sollten wir dann nicht festhalten, daß Vaterlosigkeit dafür prädisponiert, im dyadischen Modus zu verweilen, und zwar nicht nur, weil das Kind dann weder mit dem zweiten noch mit dem dritten Gegenüber (dem elterlichen Paar) konfrontiert wird, sondern auch, weil es dann dem Ich an Erfahrungen mangelt, die dieses für ein optimales Funktionieren in der komplexen Welt triadischer Beziehungen benötigt.«

Wohl auch in diesem Zusammenhang beschreibt Herzog (1980) mehrere von ihm untersuchte 18 bis 24 Monate alte Knaben, die nach der scheidungsbedingten Trennung von ihren Vätern nächtlich Angst- und Schreianfälle entwickelten und damit ihre Mütter terrorisierten. Herzog sieht diese Symptomatik als Ausdruck der *Vater-Deprivation* und des nicht befriedigten *Vater-Hungers*. Dies führt unter anderem zum Versagen der Möglichkeit zur Regulation innerer aggressiver Impulse. In diesem Zusammenhang spricht er vom »Erlenkönigsyndrom«.

Zum Schluß sollen noch einige Überlegungen zu Auswirkungen früher Störungen der väterlichen Verfügbarkeit auf die weitere kindliche Entwicklung dargestellt werden. Wir gehen davon aus, daß frühe Interaktions- und Beziehungserfahrungen vom Kind nach und nach zu sich entwickelnden inneren Repräsentanzen internalisiert werden, man könnte auch sagen, zur Repräsentanz »gerinnen«. Unter einer Repräsentanz verstehen wir ein dauerhaftes inneres Bild vom eigenen Selbst, einem bedeutungsvollen Gegenüber (»Objekt«), der Beziehung und den dazu gehörenden Affekten. Wir interessieren uns klinisch und im Rahmen unserer Forschung dafür, wie sich solche Repräsentanzen bei Kindern im Kleinkindalter zeigen lassen. Hierzu haben wir die Methode der *Geschichten-Stamm-Untersuchung* (Story Stem) von *Oppenheim, Emde* et al. (1997) sowie *Warren* et al. (1996) übernommen. Das Untersuchungsprinzip besteht darin, Kindern verbal und mittels Puppenspiel bestimmte Geschichten, die alterstypische Situationen enthalten, bis zu einem Kulminationspunkt zu erzählen. Dann wird das Kind gebeten, die Geschichte zu Ende zu erzählen oder zu spielen.

Anhand der Erzählung der 4jährigen Sabine soll aufgezeigt werden, wie sich fehlende oder problematische triadische Erfahrungen im frühen Kindesalter auf die weitere Entwicklung auswirken können. Sabine ist das zweite von drei Kindern ihrer Mutter, wobei jedes der Kinder einen anderen Vater hat. Die elterlichen Beziehungen zerbrachen jeweils kurz nach der Geburt der Kinder, wobei Sabine noch regelmäßigen Kontakt zu ihrem leiblichen Vater hat. Sie wurde uns wegen Angstzuständen und allgemeiner Unruhe vorgestellt.

Die Geschichte, die dem Kind von der Untersucherin präsentiert wurde, lautet: »Jetzt sitzen die Mama und der Papa auf dem Sofa und reden miteinander. Sie sagen zu dem Kind, das in der Geschichte Susanne genannt wird: ›Wir würden jetzt gerne für eine Weile allein sein. Geh in dein Zimmer und spiel mit deinen Spielsachen. Mach bitte deine Tür zu, so daß es ruhig ist.‹ Die Untersucherin läßt das Kind in ihr Zimmer gehen und fordert Sabine auf: ›Zeig und erzähl mir, was jetzt geschieht!‹«

Sabine inszeniert folgende Geschichte:

Kind: »Ja, ich geh' jetzt in mein Zimmer, aber ich hab' ja niemanden.«

Die Mutter: »Also gut, ich komm zu dir, um mit dir zu spielen.« Die Mutter geht zum Kind.

Darauf ruft der Vater: »Hey, ich hab' ja niemanden, ich will nicht allein im Zimmer sein.«

Mutter: »So, dann komm ich halt wieder.«

Das Kind – mit wütendem Ausdruck: »Dann stoße ich halt alle um, die Mami nicht, nur den Papi. Wir zwei spielen.« – Mutter und Kind umklammern sich, nachdem der Vater weggestoßen wurde.

Danach wird das Kind in seiner Erzählweise zunehmend inkohärent, bringt in bizarrer Weise Erzählelemente aus vorangegangenen Geschichten ein. Die ganze Situation wird desorganisiert, und alle Figuren werden herumgestoßen.

Gehen wir davon aus, daß uns das Narrativ des Kindes etwas über seine innere Repräsentanzenwelt mitteilt, so müssen wir diagnostisch sagen: Das Kind hat bereits einen großen Teil der interpersonalen Beziehungsdynamik, in der bei der Geburt des Kindes die elterliche Beziehung und damit die Eltern-Kind-Triade zerbrach, internalisiert. Es kann das Bild des Elternpaars als eine vom Selbst getrennte Beziehungseinheit mit einer eigenen Intimität nicht akzeptieren und entscheidet sich vielmehr für die Fusion mit der Mutter zu ungunsten des ausgeschlossenen Vaters. Diese Fusion scheint aber so viel Angst auszulösen, daß das Kind in der Folge regrediert. Erzählung und Verhalten verlieren an Struktur, was mit einer affektiven Dysregulation einhergeht.

Der Vater spielt für das sich entwickelnde Kind insofern eine hochbedeutsame Rolle, als er ihm einen triadischen Beziehungsraum eröffnen kann, der für die kindliche Entwicklung besonders günstig ist. Selbstverständlich muß diese öffnende Funktion nicht unbedingt vom leiblichen Vater ausgeübt werden, wobei zumindest in den Phantasien der Kinder dieser immer eine große Rolle spielt. Ein guter Vaterersatz, ein Stiefvater, Großvater oder auch eine Großmutter können diese Funktion ebenfalls ausüben. Neben der Familiensituation spielt auch eine Rolle, ob die Mutter dem Kind eine Beziehung zum Vater zugesteht. In den frühen Eltern-Kind-Therapien kommt es oft darauf an, dem Vater in der Innen- und Außenwelt des Kindes einen Platz zu schaffen. Hierzu kann die Einbeziehung des realen Vaters in den therapeutischen Prozeß hilfreich sein, ebenso wie die Bearbeitung innerer Triangulierungsprozesse bei beiden Eltern. Oft übernimmt auch der Therapeut oder die Therapeutin vorübergehend die öffnende Funktion eines Dritten und hilft, Verstrickungen und dysfunktionale Kommunikationsmuster (vgl. den Beitrag von Papoušek in diesem Band) in der Eltern-Kind-Beziehung aufzulösen. Letztlich geht es darum, den Eltern zu helfen, in ihre Beziehung zu ihrem Kind den Dritten und die eigene partnerschaftliche Beziehung zu integrieren. Dies mag ein schmerzhafter Prozeß sein, weil er einen Verzicht auf eine ausschließliche Zweierbeziehung und deren narzißtischen Gratifikationsmöglichkeiten bedeutet. Letztlich ist dieser Weg aber für Eltern und Kind gewinnbringend und bietet ihnen positive Entwicklungsmöglichkeiten im Rahmen eines familialen Beziehungsgleichgewichtes.

Fernanda Pedrina

Eltern-Kind-Therapien bei postpartalen Depressionen

Die postpartale Depression hat in den letzten Jahren viel Beachtung gefunden sowohl in der Forschung wie auch in der Öffentlichkeit. Der Enttabuisierung des Themas in der Gesellschaft stehen vermehrte Kenntnisse seitens der Psychiatrie, Psychotherapie und verschiedener anderer Disziplinen gegenüber, die sich der frühen Kindsentwicklung und ihrem Umfeld annehmen. Vielfältige neue therapeutische Anwendungen werden angeboten. Da diese Entwicklung bei uns am Anfang steht, lohnt es sich, Erfahrungen mit den verschiedenen Interventionsmethoden auszutauschen, damit eine Indikation gezielter gestellt werden und vielleicht punktuell Methoden kombiniert werden können. In diesem Sinne möchte ich meine Erfahrungen als frei praktizierende Psychotherapeutin mit deprimierten Müttern und ihren Familien zur Diskussion stellen.

Charakterisierung der postpartalen Depression

Wir wissen seit den englischen Feldstudien der 80er Jahren, daß sich die postpartale Depression symptomatisch von der Depression in anderen Lebensabschnitten nicht unterscheidet (Cooper et al. 1988). Im diagnostischen Manual der WHO (ICD-10, 1991) wird sie auch nicht gesondert aufgeführt (ich halte mich bei der Depressionsdiagnostik an die Definitionen dieses Referenzwerkes). Und doch bedarf es einer spezifischen Charakterisierung, wenn man erklären will, daß besondere Fertigkeiten beim Krisenmanagement und besondere Therapieformen bessere Hilfe versprechen. Nach meiner Auffassung muß die Spezifität der postpartalen Depression auf der Ebene einer differenzierten psychodynamischen Diagnostik – unter Berücksichtigung der psychodynamischen Entwicklungsaufgabe der Mutterschaft – gesucht werden. Ich zähle im folgenden stichwortartig einige Aspekte auf.

1. Die postpartale Depression scheint – zumindest am Anfang und wenn es sich nicht um eine schon seit langem bestehende, chronische Depression handelt – einen ausgesprochen *oszillierenden Verlauf* zu haben. Die Mütter fühlen sich an einem Tag erschöpft, verzweifelt, schwer niedergeschlagen. Am nächsten Tag sieht alles anders aus; sie funktionieren wieder, und sie erachten die äußere Belastung als inhärent zu ihrer momentanen Lebenslage. Diese Schwankungen verunsichern die Frauen sehr, sie können ihre Befindlichkeit selbst schlecht einschätzen und sind unschlüssig, ob sie Hilfe in ihrer Umgebung beanspruchen oder gar fremde Hilfe suchen sollen. Genau so schwer fällt es offenbar den anderen, auch den konsultierten Fachleuten, die Depression festzuhalten und zu diagnostizieren.

   Ich habe den Eindruck, daß hier ein besonderes Krankheitserleben vorliegt, das vom Bewußtsein geprägt ist, einem alle Mütter betreffenden ontogenetischen – also »normalen« – Wandel unterworfen zu sein. Ich habe ferner den Eindruck, daß die große Bedeutung des interaktiven Geschehens zwischen Mutter und Kind in der postpartalen Zeit die Perspektive entstellt. Die depressive Mutter schwankt zwischen selbstbezogenem Rückzug und Fürsorge. Die individuelle oder die interaktive Ebene stehen abwechslungsweise im Vordergrund. Doch wenn der sensibilisierte Untersucher gezielt auf die Depressionssymptome achtet und danach fragt, wird sich das Bild klären. Die Mutter-Kind-Interaktion ist bei postpartaler Depression häufig – aber nicht immer – sichtbar gestört. Nur dann kann die Interaktionsbeobachtung bei der Einschätzung hilfreich sein, indem sie einen Hinweis auf die Befindlichkeit der Mutter gibt und zum Nachfragen anregt.

2. Der psychodynamische Konflikt, der bei der psychotherapeutischen Behandlung der postpartalen Depression regelmäßig in Erscheinung tritt, betrifft die *Abhängigkeit-Autonomie-Problematik*. Die Mutter wird mit der Verantwortung um ein von ihr abhängiges Baby konfrontiert: Sie muß das Kind mit Lebensnotwendigem versorgen. Ihre Autonomie wird gefordert. Sie braucht neu strukturierte soziale Bezüge und in der Regel vorübergehend vermehrt Hilfe. Auch ihre Fähigkeit, Abhängigkeiten einzugehen, ist gefordert. Die Fürsorge für das Baby stützt sich darauf, daß sich die Mutter in es einfühlen kann, daß sie seine Bedürftigkeit erkennen und differenzieren kann. Dabei orientiert sie sich unter anderem an der eigenen kindlichen Bedürftigkeit und Abhängigkeit. Eine besondere Bedeutung erlangen in dieser Zeit die frühen Beziehungserfahrungen mit der eigenen Mutter sowie mit anderen wichtigen Bezugspersonen. Es findet Aktivierung von Übertragungsneigungen, die in diesen Beziehungen gründen, statt, die hilfreich oder belastend sein können. Unbefriedigende Lösungen von früheren Autonomie-Konflikten stellen sich ganz besonders einer flexiblen postpartalen Anpassung in den Weg.
   Entsprechend der individuellen Geschichte jeder Frau können neben den Abhängigkeits-Autonomie-Problemen auch andere Konflikte – insbesondere Selbstwert- und Schuldkonflikte – mitspielen.
3. Bei schweren postpartalen Depressionen habe ich gehäuft folgende zwei Formen der *psychodynamischen Dekompensation* beobachtet.
   Bei der ersten Form verschreibt sich die Mutter ganz der Betreuung des Babys. Sie reagiert äußerst schnell auf jede seiner als Hilfslosigkeit interpretierten Regungen, und sie läßt ihm kaum Raum zur Entfaltung (diese Kinder haben häufig psychosomatische Symptome). Manchmal behandelt sie es wie ein Teil ihrer selbst. Diese Mutter kann ihre eigenen Bedürfnisse nicht berücksichtigen, sie läßt sich gehen und

muß vielfach von der Familie getragen werden. In akuten Verläufen treten Depersonalisationsgefühle auf (»ich stehe neben mir«). In weniger ausgeprägten Fällen stellen sich mit der Zeit Erschöpfungsgefühle und die somatischen Begleitsymptome der Depression ein. Symbiose und Passivität werden lange als genußbringend erlebt, die aus der Abhängigkeit entstehende Aggression wird lange abgewehrt. Am Schluß ist die Angst vor unkontrollierten aggressiven Ausbrüchen der Grund, um externe Hilfe zu suchen.

Bei der zweiten Form der Dekompensierung ist die Mutter in großem Maße ambivalent, sowohl in ihrem Selbstempfinden, ob sie es mit dem Kind kann oder nicht kann, als auch in ihrem Verhalten gegenüber den anderen. Sie will Hilfe und weist diese gleich von sich, weil sie sich sonst entmündigt fühlt. Die Aggression ist hier sehr vordergründig und trifft sehr schnell denjenigen, der zuvor als Alliierter einbezogen und idealisiert worden ist. Auf diese Weise isoliert sich die Mutter. Für den Außenstehenden erscheint diese Erlebensweise paranoid, sie ist eine Gefahr für die therapeutischen Bestrebungen.

Diese Form der Dekompensierung kann als Ausdruck der unerträglichen Spannung und der massiven Ambivalenz zwischen den zwei Polen des Konfliktes Abhängigkeit/Autonomie verstanden werden. Bei der zuerst beschriebenen Form geht es um das bedingungslose Eingehen von Abhängigkeit und um die Unterdrückung von Autonomiebedürfnissen. Theoretisch kann man sich auch die entgegengesetzte Entwicklung aus diesem Konflikt vorstellen: nämlich Flucht und Verlassen des Babys und der Familie. Wir wissen, daß das vorkommt; bei meinen ambulanten Patientinnen mit postpartaler Depression kenne ich dieses Verhalten bisher nur als Raptus, als kurzdauernde Reaktion.

4. Bei der postpartalen mütterlichen Entwicklung steht eine *Änderung der Identität* auf dem Spiel. Die Frau wird nach der intensiven Auseinandersetzung mit der beginnenden Mutterschaft eine andere Selbstwahrnehmung haben, eine andere Auffassung bezüglich ihrer Lebensaufgaben, eine andere

Ortung in der von ihr mitgegründeten Familie, in der Genealogie ihrer Herkunftsfamilie und in der Gesellschaft. In all diesen Bezügen integriert sie die Tatsache, daß sie ein Kind hat – oder das 2. oder 3. Kind – und bewahrt das Gefühl, daß sie immer noch die gleiche Person ist. Die Änderung beruht teils auf der neuen Lösung der durch die Mutterschaft aktivierten Konflikten, teils auf der Internalisierung neuer Erfahrungen, die sich in den Interaktionen mit dem Kind ergeben. Zudem wird die Identität von den Reaktionen und den ebenfalls sich ändernden Rollenzuschreibungen seitens ihrer Bezugspersonen mitgeformt.

Zu diesem Änderungsprozeß gehören manchmal traumatische Erfahrungen – Vorkommnisse während der Schwangerschaft, der Geburt oder danach – die im Erleben der Frau eine destrukturierende Wirkung entfalten und die ein Bruch in ihrer Geschichte bedeuten. Die Geburt selbst ist nicht obligat ein Trauma; sie kann es sein, wenn sie mit dem Gefühl absoluter Ohnmacht gegenüber überwältigenden angstmachenden Gefühlen einhergeht. Dieses Erleben korreliert nicht mit objektiven medizinischen Problemen. Es kann bei unbedenklichen Geburten auftreten und die Geburt langwierig gestalten. Die Problemgeburten stellen ihrerseits epidemiologisch keinen Risikofaktor für die postpartale Depression dar (Paykell et al. 1980) – wenn sie medizinisch gut betreut sind, muß man hinzufügen. Anders ist es bei medizinischen Fehlern (Ballard et al. 1995). Das traumatische Erleben korreliert eher mit den vorbestehenden Persönlichkeitsmerkmalen und Konfliktneigungen, die bereits erwähnt wurden.

Die neue Identität ist nicht unbedingt ein Thema in der Behandlung. Sie ergibt sich vielfach im therapeutischen Prozeß, in dem andere Anliegen im Blickfeld stehen. Doch manchmal wird die Identitätsentwicklung zum bedeutenden Konflikt. Dann geht es darum, die Mutter in der Suche nach der Kontinuität ihres früheren Selbstgefühls und nach dem Sinn ihrer neuen Lebensphase zu begleiten. Es ist nützlich, sich zu vergegenwärtigen, daß Identität ein dynamisches Konstrukt aus verschiedener Teilidentitäten mit sich wandelnden Wertungen und Hierarchien ist, das vielen Lösungen Raum läßt. Der häufig formulierte Gegensatz zwischen Muttersein und Beruf deckt sicher nicht die gesamte Fragestellung ab.

5. Die postpartale Depression der Mutter wirkt sich direkt in verschiedener Ausprägung auf die *Mutter-Kind-Interaktion* aus. Ich führe hier vereinzelte Beobachtungen aus den Eltern-Kind-Therapien auf. Einzelne Aspekte davon wurden in Forschungsarbeiten festgehalten, die ihrerseits meinen Blick auf die Interaktionsszene schärften (Field 1984, Cohn et al. 1986, Gaensbauer 1982, Bettes 1988). Ein weiteres Instrument für das Verständnis einer Interaktion im therapeutischen Setting ist die Gegenübertragung, die nicht nur dem visuell wahrgenommenen momentanen Ereignis entstammt, sondern die gesamte emotionale Stimmung im zeitlichen Ablauf mit einbezieht. Es ist eine besondere Herausforderung für die Therapeutin, daß sie sich von den heftigen Gefühlen, die ein Baby auslösen kann, nicht blenden läßt und stets den positiven Bezug zu den Eltern aufrechterhält.
   In leichten Fällen drückt sich die Depression bloß in einem bedrückten, freudlosen, an gegenseitigen Initiativen armen Austausch zwischen Mutter und Baby aus. Später erscheint der Säugling inaktiv und macht uns Sorgen in bezug auf seine Entwicklung. Manchmal sind hingegen Mutter und Baby gereizt und unzufrieden, sie suchen vergeblich die gegenseitige Verständigung. Einige Mütter verhalten sich sehr intrusiv, der Säugling entzieht sich der Interaktion. Seine Initiativen werden derweil nicht wahrgenommen. Bei anderen Mutter-Kind-Paaren kann die selbstbezogene Haltung der Mutter mit dem ausgesprochenen sozialen Interesse des Kindes kontrastieren, das offenbar fähig ist, mit anderen Bezugspersonen Erfahrungen zu machen. Diese Babys zeigen manchmal besonders früh Entwicklungsleistungen, die wir durchschnittlich später erwarten.
   Die Interaktionsstörung wird häufig von den Müttern wahrgenommen, die ihr hilflos gegenüberstehen. Sie wirkt dann als Verstärkung der Depression. Wegen der therapeutischen

Erfolge bei positiver Veränderung der Interaktion in Eltern-Kind-Therapien ist die Interaktionsstörung sogar als Grund der postpartalen Depression postuliert worden (Cramer 1993).

Differentialdiagnostisch ist es wichtig, an die Möglichkeit einer noch symptomarmen kindlichen Behinderung zu denken. In einer neueren Untersuchung wurden die Mutter-Kind-Interaktionen von jungen autistischen Kindern – im Durchschnitt 3jährig mit kognitivem Entwicklungsalter von 15 Monaten – mit denjenigen von normalentwickelten 15-monatigen Babys verglichen. Dabei hat sich gezeigt, daß autistische kleine Kinder selten eine Interaktion initiieren, verzögert reagieren, aus mehr als 50 cm Entfernung gar nicht interagieren können und die Eltern zu proximalem, intrusivem Handeln verführen (Cordes 1993). Man kann sich vorstellen, daß in einem solchen Fall die unerkannte Behinderung mit der begleitenden Interaktionsstörung Ursache einer eventuellen Depression sein kann. Künftige Forschungen werden uns möglicherweise mehr Einblick in biologische Eigenheiten der Babys aufzeigen können, die zu depressiven Entwicklungen der Betreuer prädisponieren. Doch beim aktuellen Wissensstand läßt sich bei vielen funktionellen Säuglingsstörungen und auch bei solchen, die sich zu einer somatisch fixierten Krankheit entwickeln, nicht sagen, wo die Psychopathologie, die sich in gegenseitigen Rückkoppelungsreaktionen aufschaukelt, beginnt.

6. *Der Partner einer Mutter* mit postpartaler Depression hat psychodynamisch in vielfältiger Hinsicht eine besondere Rolle. Er gibt meist eine zuverlässige psychische und materielle Unterstützung für Mutter und Baby. Er wächst parallel zur Frau in die interaktive Erfahrung mit dem Säugling hinein, er kann ihr also Vergleichsmöglichkeiten und Entlastung bei der Versorgung des Babys bieten. Gerade diese Hilfe ist für viele Frauen, die selbst stark verunsichert sind, schwer zu akzeptieren. Der Partner ist aber auch besonders exponiert, um in die Aggressionsdynamik der Depression einbezogen zu werden. Dabei kann er sowohl zum einzigen, symbiotisch

besetzten Vertrauten wie auch zum Verfolger werden. Im letzteren Fall wird er aus der Beziehung zwischen Mutter und Kind tendenziell ausgeschlossen. Die Psychotherapeuten sehen diese Entwicklung nicht gern, weil sie die Triangulierung – das heißt, die Entwicklung der intrapsychischen Repräsentanz von triadischen Erfahrungen – als grundlegend für die gesamte psychische Entwicklung des Säuglings und des Kleinkindes betrachten.

Da auch die postpartale Partnerbeziehung – wie diejenige mit dem Baby – für die Mutter besonders bedeutsam ist, stellt sich die Frage nach dem eventuellen Beitrag des Partners für die Depression. Hier interessiert die Art und Weise, wie der Vater die Vaterschaftserfahrung verarbeitet, und ob er damit in Schwierigkeiten gerät. Wir wissen, daß eine zu große und persisitierende Ambivalenz des Vaters gegenüber der Schwangerschaft und seiner neuen Rolle das Depressionsrisiko seiner Frau erhöht (Cowan u. Cowan 1992). Auch Väter können postpartal depressive Episoden erleiden, obschon dies noch nicht so ausführlich untersucht wurde wie bei den Müttern. Es ist jedenfalls festzustellen, daß sich Väter manchmal aus eigener Ängstlichkeit oder wegen Minderwertigkeitsgefühlen selber aus der Dreiecksbeziehung ausschließen. In der Behandlung einer Familie mit mütterlicher Depression kommt – meiner Erfahrung nach – öfters zeitlich versetzt, wenn es der Mutter bessergeht, die Krise des Vaters zum Vorschein. Es war interessant zu entdecken, daß die depressiven Mütter – und ihre Perspektive teile ich in der Mutter-Kind-Therapie – nicht immer die eindeutige Depression des Partners wahrnehmen, die eine außenstehende Beobachterin feststellen kann. Dies zeigte sich in unserem, gegenwärtig in Zürich laufenden Projekt zur Frühbehandlung der postpartalen Depression. Wir verglichen dabei zwei diagnostische Erstgespräche, das eine mit Mutter und Baby, das zweite mit der ganzen Familie inklusive Vater.

Die psychoanalytische Diskussion über Triangulierungsprozesse ist in letzter Zeit durch die Auseinandersetzung mit der Säuglingsforschung neu angeregt und bereichert worden

(Schon 1995). Ich finde die Idee sehr anregend, daß bei der Geburt eines Kindes bei Mutter und Vater nicht nur Identifikationsprozesse mit den eigenen Eltern, sondern auch Triangulierungskonflikte aktualisiert werden (vgl. die Beiträge von Bürgin und von v. Klitzing, »Die Bedeutung des Vaters …«, in diesem Band). Damit ist nicht nur der allgemein bekannte, mit der Bewältigung der sexuellen Rivalität assoziierte, ödipale Aspekt gemeint. Auch vorödipale, der Individuation und der Regulation von Abhängigkeit/Autonomie dienende Triangulierungsprozesse sind bedeutsam.

Es ist mir bewußt, daß die aufgeführten Punkte zur Charakterisierung der postpartalen Depression aus verschiedenen Perspektiven stammen. Die ersteren aus einer individualpsychologischen, die beiden letzten aus der Betrachtung der Dyade und der Triade. Das mag verwirren, entspricht aber einer praxisbezogenen Notwendigkeit. Einerseits situiert sich meine Arbeit in einem institutionellen Umfeld, in dem individuelle Diagnosen den Umgang bestimmen. Darauf gründen Überweisungen oder die fallbezogene Mitarbeit mit Kollegen. Sie sind für den Umgang mit Krankenkassen und Versicherungen notwendig. Andererseits erfordert die Behandlungsstrategie in einem Setting, das Eltern und Kind einbezieht – das sich bei mir unter dem Druck meiner Patienten durchgesetzt hat – eine Erweiterung des konzeptuellen Rahmens. Die Berücksichtigung der Mutter-Kind-Dyade hat bereits eine längere Tradition. Die Behandlung der Triade wartet – in der Psychoanalyse – immer noch auf eine angemessene theoretische Fundierung.

Eine letzte Bemerkung fügt sich wieder in den Denkrahmen der individuellen Diagnostik. Nicht jede junge Mutter in einer Krise hat eine postpartale Depression. Angesichts der Hochkonjunktur des Begriffs scheint es nicht überflüssig darauf hinzuweisen, daß auch andere psychiatrische Störungen – wie schwere Persönlichkeitsstörungen und psychotische Ängste – vorliegen können. Darauf wird die sorgfältige Untersuchung auf symptomatischer Ebene hinweisen. Im Verlauf der Behandlung solcher

Störungen zeigen sich jedoch ähnliche psychodynamische Hintergründe wie bei der Depression.

Ein Wort für das Kind

Die Sorge um das Kind, um sein persönliches Leiden unter der Depression der Mutter und um sein längerfristiges Entwicklungsrisiko, dürfen wir Therapeuten – sowenig wie es die Mutter tut – nicht abspalten. Forschungsarbeiten belegen einen kognitiven Entwicklungsrückstand bei den Kindern von Müttern mit postpartaler Depression (Cogill et al. 1986) sowie eine Beeinträchtigung der Mutter-Kind-Beziehung (Stein et al. 1991). Diese beide Feststellungen wurden in einer sorgfältigen prospektiven Studie über die ersten 18 Monaten bestätigt (Murray 1992). Mütter berichten von vermehrten Spannungen, vermehrten negativen Wahrnehmungen oder Distanzierung in der Beziehung zu ihren Kindern während und nach der depressiven Episode (Weissmann u. Paykel 1974). Verschiedene Autoren machen darauf aufmerksam, dass Störungen in den familiären Beziehungen auch nach der Erholung aus der Depression weiterbestehen und sich indirekt auf die weitere emotionale Entwicklung des Kindes auswirken (Stein et al. 1991, Murray 1992). Kinder von Müttern mit Depression haben ein erhöhtes Risiko für spätere psychische Störungen und für Beeinträchtigungen im sozialen und beruflichen Bereich (Hammen 1991). Die Eltern-Kind-Therapie findet aus der Sicht des Kindes eine zweite Begründung.

In einigen Therapien macht uns das Baby keine Sorgen. Bei einer schnell wirksamen Krisenintervention können wir mitunter beobachten, wie sich Mutter und Kind gemeinsam erholen. Bei einer länger dauernden Krise beobachten wir, wie das Kind in eine pathologische Interaktion einbezogen wird und wie es sich Eigenheiten zulegt, die von Abwehr und Einschränkung seiner persönlichen Entwicklung zeugen. Ein prioritäres Anliegen der Behandlung ist dann die Unterstützung der gegenseitigen Abgrenzung und der kindlichen Individuation. Ich werde darauf zurückkommen.

Eltern-Kind-Therapie bei leichter bis mittelschwerer postpartaler Depression

Wegen der zentralen Bedeutung der Mutter-Kind-Beziehung sowie der triadischen Beziehungen in der postpartalen Phase und in der Psychodynamik der postpartalen Depression, erachte ich die Eltern-Kind-Therapie als Therapie der Wahl bei der leichten bis mittelschweren postpartalen Depression (ich werde weiter unten erwähnen, wann andere Therapiesettings adäquater sind). Ich lade in der Regel beide Eltern ein, wenn es den familiären Verhältnissen im weitesten Sinne entspricht. Vielfach ergeben sich Mutter-Kind-Therapien. Diese Therapieformen erfordern von der Psychotherapeutin verschiedene Kenntnisse und Fertigkeiten – auf psychiatrischem Gebiet, in bezug auf den Umgang mit Gegenübertragung in einer Gruppe, im gleichzeitigen Umgang mit verbaler und averbaler Kommunikation, in der Beurteilung von Säuglingsentwicklung und -verhalten und anderem mehr. Ich reihe meine Arbeit in der mittlerweile gutdokumentierten, psychoanalytisch orientierten Tradition von kombinierten Eltern-Kind-Therapien ein, die sich sowohl für das intrapsychische Geschehen bei den Eltern, als auch für das interaktionelle Geschehen zwischen Eltern und Kind interessiert, beide Ebenen in Beziehung setzt und therapeutisch nutzt (Fraiberg 1980, Lebovici 1983, Debray 1987, Cramer u. Palacio-Espasa 1993, Pedrina 1997). Ich werde mich hier auf einige Kommentare beschränken, die sich besonders auf die Depressionsbehandlung beziehen.

1. Entsprechend dem anfangs oszillierenden Krankheitsgefühl der Mütter in bezug auf die Depression, behalte ich gern eine gewisse Offenheit der diagnostischen Einschätzung gegenüber der Patientin. Manchmal ist es wichtig, daß sich der Therapeut nicht festlegt, bevor es die Patientin selbst tut. Das therapeutische Angebot soll deshalb niederschwellig formuliert werden: zum Beispiel Anpassungsschwierigkeiten in eine neue Lebensphase und dergleichen.
2. Dies scheint mir besonders berechtigt im Hinblick auf die Früherfassung dieser häufigen Störung (sie betrifft etwa 10 %

aller Mütter). Die frühe Behandlung der mütterlichen Depression scheint mir angesichts der präventiven Wirkung auf die begleitenden und langzeitigen Störungen beim Kind und in der Familie als besonders erstrebenswert. Junge Mütter und Eltern sind ausgesprochen zurückhaltend, psychotherapeutische Hilfe zu beanspruchen. Beim schon erwähnten Zürcher Projekt haben wir im Rahmen der städtischen Mütter- und Väterberatungsdiensten mit niederschwelligen Einstiegsbedingungen eine Gruppe für Mütter und Babys ausgeschrieben. Acht von elf der sich anmeldenden Frauen hatten eine ausgewiesene Depression; eine Frau, die sie nicht hatte, wurde im weiteren Verlauf unter chronischen äußeren Belastungen, die schon bei Gruppenbeginn bestanden hatten, depressiv.

3. Dem Schwanken zwischen Abhängigkeitsbedürfnis und Autonomiewünschen muß in der Behandlung genau Beachtung geschenkt werden. Der Konflikt kommt in vielfältiger Weise zum Vorschein. Im Gespräch werden eindringlich Ratschläge gefordert. Wenn die Therapeutin sich zu sehr zurückhält, fühlt sich die Mutter vielleicht zu wenig unterstützt. Wenn sie Ratschläge gibt, werden diese meist dazu benutzt, sich dagegenzustellen. Dies ist aber häufig ein erster Schritt im Prozeß der Neudefinierung der eigenen Zuständigkeit, und es ist wichtig, daß die Beziehung zur angegriffenen Therapeutin diesen Vorgang überlebt und integriert. Bei Entscheidungen, die die Pflege und Versorgung des Babys betreffen, müssen die ambivalenten Wünsche der Mutter ebenfalls sorgfältig berücksichtigt werden. Wenn eine Mutter überfordert ist und ihr Baby zu kurz kommt, müssen alle bereits vorhandenen, das Kind fördernden Ressourcen aufgewertet und für die Mutter erträglich gemacht werden. Neue Entlastungsangebote müssen mit ihr erarbeitet werden. Die antidepressive Medikation ist eine weitere Maßnahme, die das Konfliktfeld Abhängigkeit/Autonomie tangiert und dementsprechend gehandhabt werden soll.
4. Bei den schwer dekompensierten postpartalen Depressionen, in denen eine paranoide Erlebensweise vorherrscht, sind alle Vorschläge riskant. Man soll daran denken, falls

schon viele Helfer als nutzlos und als gefährlich abgewiesen worden sind. Selbst das bloße Verhalten der Therapeutin während der Sitzung kann Anlaß für isolierende und selbstdestruktive Kurzschlußreaktionen sein. Hier ist wahrscheinlich anfänglich ein möglichst nahes Mitgehen mit der Gedankenwelt der Mutter – deren Ansichten die Therapeutin sicher nicht teilen kann – die einzige Chance, um ein therapeutisches Bündnis aufzubauen. Bei den unvermeidlichen Enttäuschungen ist es rettend, wenn die Beziehung aufrechterhalten werden kann.

5. In der kombinierten Eltern-Kind-Therapie können interaktive Sequenzen auf intrapsychische Konflikte verweisen. Das Befremden über eine Szene gibt den Eltern Anlaß, sich zu hinterfragen, und ruft bei ihnen Erinnerungen wach. Der Therapeutin fallen Parallelen zwischen der Erzählung der Eltern und der szenischen Aufführung auf, auf die sie die Eltern aufmerksam machen wird. Manchmal sind Deutungen möglich, die sowohl die verschiedenen Beziehungen untereinander als auch das interaktive Verhalten verändern. Es wird den Eltern möglich, exzessive Projektionen, die das Kind in ein allzu fremdbestimmtes Bild zwängen, zurückzunehmen oder eine exklusive, »symbiotische« Besetzung des Kindes zu relativieren.

   In gewissen Fällen scheint es eher möglich, die Individuation des Kindes direkt zu unterstützen. Die Therapeutin vermittelt den Eltern eine anstehende Entwicklungsaufgabe, eine Spielmöglichkeit des Kindes, oder sie läßt sich selbst in die Interaktion mit dem Kind ein. Dieses Vorgehen muß jedoch behutsam und in Abstimmung mit den Bedürfnissen der Mutter erfolgen, damit sie es nicht als Entwertung oder Entmündigung erlebt und abweisen muß. Es handelt sich dabei keineswegs nur um entwicklungspsychologisch begründete, pädagogische Anleitungen. Die Therapeutin bezieht auch hier ihren Wunsch zur Beziehungsaufnahme und ihre Gegenübertragung ein. Diejenige zum Baby hilft, den Weg zum Spiel zu finden, gibt der vorgeschlagenen Handlung einen Sinn; dieser soll vermittelt werden – unter Umständen auch, indem man

zum Baby spricht. Die Gegenübertragung zu den Eltern soll helfen, die Handlung im ganzen Kontext zu verstehen und sinnvoll zu gestalten. Unter diesen Bedingungen kann die Interaktion Baby–Therapeutin zu einem Identifikationsangebot für einen Aspekt des Umgangs mit dem Baby werden. Die Kenntnis und die emotionale Begleitung der ganzen Beziehungsgeschichte kann in einer bestimmten Therapiephase dazu motivieren, eine regressive Bewegung statt der Individuation zu unterstützen. Wenn sich eine Mutter und ihr Kind lange Zeit fremd waren und sich bekämpfen mußten, ist vielleicht eine Phase der Annäherung, der engen Bezogenheit – auch wenn sie nicht mehr altersgerecht ist – das richtige.
Dieser interventionistische Aspekt der Behandlungstechnik war in den früheren psychoanalytisch orientierten Mutter-Kind-Therapien vorhanden (Fraiberg 1980, Lebovici 1983, Pedrina 1984). Er hat sich im letzten Jahrzehnt unter Druck sowohl der Psychoanalyse wie von der Säuglingsforschung verdrängen lassen (Cramer u. Palacio-Espasa 1993). Die Psychoanalyse versperrte sich gegen die Ausweitung des psychoanalytischen Denkens auf die Interaktion, die Säuglingsforschung griff die tradierten psychoanalytischen Vorstellungen über den Säugling an. Ich meine, es hat inzwischen genügend theoretische Auseinandersetzung und Anpassung überholter Konzepte gegeben, um diesen wertvollen Ansatz in der psychoanalytischen Mutter-Kind-Behandlung wiederaufnehmen und mit weniger Widersprüchen reflektieren zu können (Pedrina 1992, Dornes 1993).

6. Beim Einbeziehen des Partners in die Behandlung der postpartalen Depression berücksichtigt die Therapeutin dessen Befindlichkeit sowie die aktuelle Qualität der Beziehung zu seiner Frau. Im günstigen Fall kann er als Kotherapeut wirken. Ich habe an anderer Stelle über eine Behandlung berichtet, bei der der Vater die »conditio sine qua non« war. Er übersetzte für mich die stumme Not der Mutter und vermittelte ihr meine Hilfestellung (Pedrina 1997). In anderen Fällen braucht der Vater selbst Unterstützung oder eine fokussierte Begleitung.

Ich möchte das bisher Gesagte an zwei klinischen Fallbeispielen verdeutlichen.

1. Beispiel

Frau B. wird mir von der Ärztin einer chirurgischen Station angemeldet. Frau B. habe eine kleinere Unfalloperation hinter sich. Sie habe ein 7monatiges Baby und sei seit der Geburt depressiv. Die Ärztin ist mit ihr ins Gespräch gekommen, weil sich Frau B. so merkwürdig verhielt. Sie war dysphorisch und wollte Widersprüchliches. Alles besserte sich erst, als sie auf Druck ihres Mannes hin vom Vierer- in ein Einzelzimmer verlegt worden war. Die Ärztin begnügt sich nicht mit meiner Bereitschaft, den Anruf von Frau B. entgegenzunehmen. Frau B. würde es nach der Entlassung aus dem Spital von sich aus nicht tun können. Ich gebe einen Termin.

Bei der ersten Kontaktnahme am Telefon möchte ich das Setting klären. Ich lade bald alle drei – Mutter, Vater und Kind – ein. Frau B. zeigt sich erfreut und entlastet. Sie mußte sich beim Vorschlag, die Psychotherapeutin einzubeziehen, sehr »zusammennehmen«, um sich als Schuldige für die ganze Situation anzusehen. Sie habe vieles um Schwangerschaft und Geburt noch nicht verarbeitet, darunter auch solches, was andere verursacht hätten.

Die therapeutische Intervention beginnt also mit beiden Eltern und dem Kind. In der ersten Sitzung erzählt Frau B., daß ihre Schwierigkeiten in der 2. Hälfte der Schwangerschaft begannen, als sie sich in der Arbeit überlastet fühlte und vegetative Beschwerden hatte. Sie wurde von der Reaktion des Arbeitgebers und des Frauenarztes sehr gekränkt, die beide ihren Zustand nicht ernst nahmen und sie unterschwellig als Simulantin betrachteten. Eine Nierenkolik vor der Geburt erzwang eine Hospitalisierung und glücklicherweise einen Frauenarztwechsel. Die Geburt wurde gut erlebt, obwohl ein Kaiserschnitt nötig war. Bald danach erlebte Frau B. aber neue Kränkungen. Der Mann kümmerte sich zu wenig um sie, sie wurde ihm gegenüber mißtrauisch. Sie konnte sich nur noch ans Kind klammern, bis es ihr wie in einem Gefängnis vorkam. Der erste Ausbruchversuch – ein Ausflug zwecks Ausübung einer geliebten Sporttätigkeit – endete mit dem Unfall und mit der Operation. Durch die nötige Medikation war sie gezwungen, abzustillen.

Herr B. akzeptiert die Vorwürfe, grübelt nach, fühlt sich ungenügend und wirkt selbst depressiv. In dieser Zeit sitzt die kleine Mirta still und unbewegt am Boden; den Rücken hat sie den Eltern zugekehrt, welche beide mit den eigenen Sorgen absorbiert sind. Es findet keine Interaktion statt. Als die Mutter mit Tränen in den Augen vom Abstillen berichtet, wird Mirta unruhig. Der Vater kümmert sich um sie, indem er ihr einen Teeschoppen verabreicht. Er läßt sie dabei weiterhin von den Eltern abgewendet am Boden sitzen, doch Mirta wird erstaunlicherweise auch so zufriedengestellt. Die Mutter versinkt derweil noch mehr in sich selbst. Ich frage sie, wie es für sie sei, wenn sich solche Szenen abspielen. Frau B. platzt heraus: »Ja eben, wofür bin ich noch da!«, und Herr B. fügt hinzu: »Das ist ein Teufelskreis, was ich auch immer mache, fühlt sie sich weniger wert.« Wir betrachten gemeinsam den Wechsel zwischen Anklammerung und Gehenlassen in der bisherigen Erfahrung als Mutter. Bei Frau B. habe sich letzterer Impuls in ihrem Ausbruchsversuch vehement angekündigt. Doch hat sie Mühe, sich eine Vorstellung über das Weiterleben des Kindes während ihrer Abwesenheit zu machen, wenn sie es nicht pflegt. Mirta gibt ihr gleich Gelegenheit dazu. Sie meldet sich mit ganz lauten Tönen, erzwingt meine Aufmerksamkeit. Ich schaue ihr zu. Sie schaut mit großen aufmerksamen Augen zurück und lächelt breit. Frau B. thematisiert darauf ihr Mißtrauen gegen alle.

Am Ende dieser ersten Sitzung herrscht Hilflosigkeit. Die Eltern haben keine Vorstellungen oder Ideen, wie wir weitermachen sollen. Sie hatten große Angst, zu mir zu kommen. Frau B. fürchtet die »Schublade«, in die ich sie stecken werde. Schon werden mir folgenschwere Entscheidungen zugeschoben. Ich schlage eine weitere Sitzung zu dritt vor. »Und Medikamente?« fragt Frau B. Offenbar hat sie die diagnostische Beurteilung bereits selbst mitgebracht.

Bei der zweiten Sitzung wird bald klar, daß die Frage der Depressionsdiagnose und der Pharmakotherapie beiseite gelegt werden kann und daß Bewegung in die familiären Beziehungen gekommen ist. Frau und Herr B. hatten in der Zwischenzeit viele Diskussionen. Paarkonflikte werden benannt. Ausgehend von der Feststellung von Frau B., daß ihr Partner sich verändert habe, erhält Herr B. die Gelegenheit, sein Hineinwachsen in die Vaterrolle zu schildern. Wichtig scheint dabei, daß er sich wegen großer Änderungen in seiner Herkunftsfamilie allein gelassen fühlt. Seine Mutter ist unlängst gestorben, sein Vater führt seither ein unruhiges Beziehungsleben. Herr B. staunt, daß diese Fakten von Interesse sein können. Frau B. bekommt eine ungewohnte, neue Sicht der familiären Schwierigkeiten. Die Inszenierung mit Mirta ist ähnlich wie in der vorangehenden Sitzung: Sie sitzt unbeweglich am Boden, zeigt mit ihrem Blickverhalten Interesse an der Umgebung und sucht ab und zu Aufmerksamkeit mit lauten Schreien. Ich bin die einzige, die darauf diskret reagiert. Mirta ist mit wenig Zuwendung zufrieden. Am Ende der Sitzung spielt sie mit dem Schnürsenkel der Mutter. Ich versuche die Interaktion anzuregen. »Willst du mit Mami spielen?« Die Mutter zögert, nimmt ihr Kind schließlich sichtlich gestreßt auf den Schoß. Mirta fällt hypoton in sich zusammen und sucht meinen Blick – was auf mich sehr appellativ wirkt. Frau B. kommentiert, daß sie zu Hause viel mit Mirta mache. Hier aber fühle sie sich beobachtet. Sie fühle sich immer verunsichert, wenn jemand zuschaue. Herr B. doppelt nach: »Was denken sie von uns? Doch, daß wir es nicht gut können!« Ich wähle, die Eltern zu unterstützen: »Ich glaube, daß sie zu Hause viel Gutes mit Mirta machen, sonst würde sie sich nicht so kräftig melden und sich für die Umgebung interessieren, wie ich es hier sehe.«

Meine Bemerkung, daß die Eltern in ihren Diskussionen Mirta offenbar nicht in ihre Sorgen mit einbeziehen – eine doppeldeutige Bemerkung – nimmt Frau B. zum Anlaß für ihre weiteren Überlegungen. Sie beginnt die nächste Sitzung mit der Mitteilung, daß bei genauerem Hinsehen Mirta an den meisten elterlichen Spannungen schuld sei. Wegen ihres unendlichen Zuwendungsanspruchs, den sie mit Schreien durchsetze, habe sie sie inzwischen auch einmal richtig gehaßt. Wir reden darüber, wie bei Mirta, die bis dahin die weitestgehende, bedingungslose Umsorgung durch die Mutter genoß, erste Distanzierungschritte eingeführt werden können. Wie lange darf die Mutter aus dem Gesichtsfeld der inzwischen gut 8monatigen Tochter verschwinden und sie weinen lassen, bevor sie sie trösten geht?

Vor der 4. Sitzung treffe ich überraschenderweise alle drei auf dem Sofa in meinem Wartezimmer sitzend, Mirta zwischen Vater und Mutter, im lockeren Umgang miteinander – eine ganz normale, erfreuliche Erscheinung! Auf den ersten Blick erkannte ich die Familie nicht Die Mutter konnte zu Hause für kurze Zeit ohne Probleme aus dem Zimmer gehen. Sie hat gleich den Wunsch in sich gespürt, Mirta einmal den Großeltern abzugeben. Groß war die Enttäuschung, daß diese absagten.

Den weiteren Therapieverlauf fasse ich kurz zusammen. Die familiären Interaktionen waren eindeutig wiederbelebt. Dies zeigte sich beim Umgang beider Eltern mit Mirta, wenn diese aus irgendeinem Grund während der Sitzung unruhig wurde. Sie wechselten sich in ihren Interventionen mit guter averbaler Abstimmung ab. Mirtas andauernde motorische Passivität begann die Eltern zu beunruhigen. Ich durfte das Kind jetzt mit geringerer Gefahr, die Eltern zu verunsichern, genauer untersuchen. Sie war altersgerecht entwickelt, außer Auffälligkeiten im grobmotorischen Bereich. Mit 10 Monaten konnte sie zwar sicher sitzen, sie verweigerte aber, sich im Liegen zu drehen und die Fußsohlen auf den Boden zu setzen. Wenn ich sie in der Luft aufrecht hielt, streckte sie schreiend die Beine in die Horizontale. Da Mirta bis an hin durch die Eltern nie so angefaßt und gefordert worden war, zeigte ich ihnen, wie das Drehen angeleitet werden kann und was bezüglich Stehen erwartet werden darf. Bald entdeckte Mirta, daß auch Stehen an einem Stuhl eine interessante Stellung sein kann. Bei den späteren, routinemäßig vorgesehenen Entwicklungskontrollen beim Kinderarzt wurde sie als »shuffler« eingestuft – eine normale Entwicklungsvariante, bei der das Kind direkt vom Sitzen zum Gehen schreitet, also das Kriechen überspringt.

Im Gespräch wurde es zunehmend deutlich, daß vor allem die Mutter mit belastenden Erinnerungen konfrontiert war und weiterhin Zusammenbrüche ihrer Gemütslage erlitt. Sie vergegenwärtigte sich insbesondere, daß auch sie von überängstlichen Eltern lückenlos beaufsichtigt und bis ins Erwachsenenalter bevormundet wurde, was ihr Schwierigkeiten in der Übernahme der erhöhten Verantwortung in ihrer neuen Lebenssituation bereite. Sie begann Zeichen in ihrer Geschichte aufzuspüren, die eine traumatische Erfahrung ihrer Eltern in der Betreuung der älteren Schwester vermuten ließen. Die Eltern-Kind-Therapie wurde deshalb von einer Einzeltherapie der Mutter abgelöst.

2. Beispiel

In diesem Beispiel berichte ich über einen »Therapieunfall«. Ich möchte auf die Gefahr eingehen, die die paranoide Tendenz bei einzelnen postpartalen Dekompensationen für die Therapie bedeutet. Unser Versagen ist in diesen Fällen besonders schmerzhaft, weil die Psychotherapie häufig die letzte Hoffnung der betroffenen Familie verkörpert.

Frau N. ruft mich auf Hinweis der Psychologin eines Kinderspitals an. Ihr 5monatiges Baby habe eine Refluxoesophagitis (eine durch Rückfluß des Magensaftes ausgelöste Entzündung der Speiseröhre) und habe deshalb immer sehr viel geschrien. Sie sei erschöpft und brauche Unterstützung. Frau N. wirkt sehr kompetent, ihre Stimme ist sicher. Ich melde ihr zurück, daß ich leider völlig ausgebucht sei, daß ich für sie eine Lösung suchen und bald wieder anrufen würde. Kurze Zeit später erhalte ich einen Anruf des Kinderarztes. Er kenne Frau N. seit kurzem. Bei ihrem seit der Geburt unruhigen und schwer zu ernährenden Kind sei bis im 4. Lebensmonat der gastrooesophageale Reflux unerkannt geblieben. Der früher betreuende Kinderarzt hätte das Schreien als Ausdruck der unruhigen Mutter-Kind-Beziehung verstanden. Die eingeleitete Behandlung wirke gut, die Mutter habe aber weiterhin eine schwergestörte Beziehung zum Kind und sei überfordert. Deshalb habe er eine

Hospitalisierung des Kindes veranlaßt, die unbefriedigend verlaufen sei. Ich erhalte auch einen Anruf der Spitalpsychologin. Sie bestätigt, daß im hektischen Spitalbetrieb die heikle Situation um dieses Baby nicht gut hat aufgefangen werden können. Sie setzte sich demnach für die Überweisung an eine ambulante Psychotherapie ein. Ich melde mich wieder bei Frau N. mit dem Angebot, die psychotherapeutische Betreuung für einige Monaten zu übernehmen. Anschließend werde ich sie an einer Fachperson an ihrem Wohnort weiterleiten.

Ich sehe die ganze Familie, Mutter, Vater und Sarah. Frau N. erzählt kontrolliert, gewissenhaft, präzis (sie arbeitete früher in einem paramedizinischen Beruf) ihre Geschichte bis zu den aktuellen Schwierigkeiten. Diese liest sich wie eine Reihe von Ereignissen, die das böse Schicksal belegen, dem sie erliegt: verschiedene psychosomatische Probleme seit der Jugend, unzulängliche Behandlungen durch die Ärzte, gynäkologische Probleme, die eine Schwangerschaft als unwahrscheinlich erscheinen ließen. Ihre Schwangerschaft war eine willkommene, schöne Überraschung. Im letzten Drittel bekam sie aber wilde Wehen; sie hatte Angst, das Kind zu verlieren. Vor der Geburt weckten zweideutige Ultraschallbefunde große Ängste vor Mißbildungen. Die Geburt war ein traumatisches Erlebnis. Frau N. hatte große Schmerzen, fühlte sich allein gelassen, hilflos, ausgeliefert und wollte sterben. Gleich danach mußte sie sich mit einem ständig schreienden Baby, das die Nahrung nicht behalten wollte, abgeben – von Ärzten und Nachbarn im Stich gelassen. Frau N. beklagt sich, daß sie zu sehr ans Kind gebunden sei. Wir gehen zusammen der Frage nach, wie sie die kleinen Trennungen, die sie als Entlastung empfindet – namentlich durch Einspringen des Partners – ausweiten könnte. Der Vater fügt hier seine Darstellung der Situation an. Er empfindet ebenfalls das Unverständnis der Umgebung und klagt, daß sie sich leider beide zu wenig durchsetzen können. Alle würden von ihnen profitieren. Die Mutter bringt als Beispiel dazu, daß sie Sarah nicht mehr zu sich zurücknehmen könne, wenn sie Verwandte bewundernd betätscheln würden und es dem Kind offensichtlich nicht mehr wohl sei. Hier kommt die Kehrseite der

Anklammerung ans Kind zur Darstellung, nämlich die Unfähigkeit es zu schützen. Als ich sie darin stütze, das zu tun, was ihr richtig scheint, sagt sie: »Darf ich so frech werden? Ich war nie so. Ich bin nicht mehr ich!« In dieser Sitzung habe ich seltsamerweise keine Notizen über Sarah festgehalten. Wir vereinbaren eine nächste Sitzung wenige Tage später.

Am gleichen Tag ruft mich der Kinderarzt notfallmäßig an. Frau N. fühle sich seit der Sitzung bei mir ganz schlecht. Sie wolle sich umbringen und wolle Sarah wieder hospitalisieren lassen. Ich bin überrascht. Die Reaktion entspricht gar nicht der Stimmung, die während unserer Begegnung geherrscht hat. Ich bitte ihn, Frau N. wieder an mich zu verweisen. Sie ruft an, wie üblich beherrscht, und möchte sich von mir verabschieden. Ich hätte sie nicht verstanden. Ich frage nach und erfahre, daß es meine freundliche Verabschiedung Sarahs am Ende der Sitzung war, welche die Krise ausgelöst hat. Für sie bedeute dies, daß ich nur das Kind als gut befunden und sie selber zurückgewiesen hätte. Ich erinnere sie an Gesprächsabschnitte, die mein Interesse an ihrer Person zeigten. Frau N. akzeptiert es. Es sei verwirrend, meint sie, meine Worte waren schon richtig, aber emotional war meine Zuwendung zum Kind zu optimistisch. Ich gestehe meine Fehleinschätzung, ich hätte mich von ihrer hochgradigen Selbstkontrolle täuschen lassen. Ich würde jetzt – wo ich von ihren suizidalen Impulsen erfahren habe – ganz anders mit ihr umgehen. Solche Mißverständnisse kommen häufig vor, sagt Frau N., sie habe deshalb weiterhin Angst vor mir.

Es gelingt mir, Frau N. für ein weiteres Treffen zu gewinnen zusammen mit ihrem Partner, der sie bei Bedarf schützen soll. Hierbei geht es um eine vorsichtige Wiederannäherung, um die Erörterung von Hospitalisierung, Medikation und anderer Formen der konkreten Hilfe. Frau und Herr N. entscheiden sich als nächstes für die Kontaktnahme mit einem sozialpädagogischen Familienbegleitungsprojekt am Wohnort. Wir betrachten am Schluß gemeinsam das Vorgefallene. Frau N. sagt, sie sei beim Abschied einem bösen, unkontrollierbaren Mechanismus erlegen und sie sei froh, daß ich mich trotz ihrer Abwendung weiter für sie interessiert hätte.

Ich erhalte 3 Wochen später einen Brief mit der Mitteilung, daß die Familie dank des sozialpädagogischen Einsatzes wieder Boden unter den Füßen gewonnen habe und daß sich Frau N. bei einer Psychologin in ihrer Region angemeldet habe.

Offenheit für andere Settings in besonderen Fällen und bei schwerer postpartaler Depression

Zum Schluß möchte ich erwähnen, daß nicht in allen Fällen postpartaler Depression die Eltern-Kind-Therapie durchführbar oder genügend ist. Das letzte Beispiel war ein Grenzfall, bei dem die Wahl der Behandlungsmethode maßgeblich von geographischen Gegebenheiten bestimmt war. Im allgemeinen sind bei schweren Depressionen Phasen von psychiatrischem »Management« nötig, wobei flexibel nach der besten Lösung unter Einbeziehung der Ressourcen in der direkten Umgebung der Mutter gesucht wird. Vorübergehend können dann viele Betreuer involviert sein. Im vorpsychiatrischen Feld sind es – neben der Familie – Hausarzt, Gynäkologe, eventuell die Geburtsklinik. Letztere läßt auch die willkommene Option zu, daß die Mutter zusammen mit ihrem Baby vorübergehend in die Klinik zurückkehren kann. In meiner Region vermisse ich die Möglichkeit der psychiatrischen gemeinsamen Mutter-Kind-Hospitalisierung, wenn das psychiatrische Zustandsbild der Mutter die Angstschwelle des somatisch ausgebildeten Spitalpersonals eindeutig übersteigt.

Offenheit für Ad-hoc-Behandlungssettings sind ebenfalls erforderlich, wenn die postpartale Depression nur ein Teil eines komplexeren Bildes darstellt, etwa bei einer Säuglingserkrankung (z. B. schwere Eßstörung, Traumatisierung) oder einer Behinderung des Säuglings. Die Zusammenarbeit mit Kollegen anderer involvierter Disziplinen, sowohl in diagnostischer wie auch in therapeutischer Hinsicht, ist wichtig und zugleich schwierig. Sie erfordert gegenseitige Kenntnis der jeweiligen Arbeitsmethoden und klare Abgrenzung der Zuständigkeiten. Diese müssen im multidisziplinären Austausch erarbeitet werden.

Marguerite Dunitz und Peter J. Scheer

Psychotherapie auf der neonatologischen Intensivstation

Mit diesem Beitrag soll versucht werden, in für »Schulmediziner« verständlicher Weise, die Wichtigkeit der Integration neuer Erkenntnisse aus den Bereichen Bindungsforschung, Interaktionsdiagnostik, Psychosomatik der Peripartalperiode und psychotherapeutische Krisenintervention in das pädiatrische Spezialfach der neonatologischen Intensivmedizin darzustellen.

Was können »Hardliner« zum Wohle ihrer kleinen Schützlinge und deren Familien dazulernen, ohne oft infausten Projekten wie neuen Psychologenstellen nachzuweinen? – Einiges, denn Wissen um spezifische intrapsychische und interaktionelle Besonderheiten von Frühgeborenen und postpartal intensivgepflegten Neugeborenen sowie Krisenintervention und das Erkennen psychischer Schockreaktionen oder psychiatrischer Krankheitsbilder bei den Eltern der Neugeborenen gehören zum Alltag des Intensivmediziners und müssen genauso professionell gehandhabt werden wie das Legen eines zentralen Zugangs.

Diese Arbeit entstand mit und unter verschiedenen kontroversen und konstruktiven Einflüssen durch Kollegen der ärztlichen und pflegerischen Teams der neonatologischen Intensivstationen der Universitätskliniken für Kinder- und Jugendheilkunde in Graz und Wien.

Incipe, parve puer, risu cognoscere matrem:
matri longa decem tulerunt fastidia menses.
Incipe, parve puer: qui non risere parenti,
nec deus hunc mensa, dea nec dignata cubilst.
(Publius Vergilius Maro, Echolog IV, 61-64)

»Beginne, kleines Kind, deine Mutter mit einem Lächeln zu erkennen: der Mutter, der die Monate der Schwangerschaft zu lange zum Tragen wurden. Beginne, du kleines Kind, denn wer seinen Eltern nicht lächelnd begegnet, wird nicht mit Göttern speisen und nicht mit Göttinnen liegen.«

Diese Zeilen sind vor fast 2000 Jahren erdacht und geschrieben worden. Sie schildern das Vorkommen des Phänomens der Frühgeburtlichkeit und der Erkenntnis der Wichtigkeit der intakten Eltern-Kind- beziehungsweise Kind-Eltern-Beziehung.

Folgendes Gedicht schrieb eine neunzehnjährige Mutter angesichts ihres im Inkubator liegenden, gerade 580 Gramm schweren Babys:

»Tränen und Plexiglas«

Durch Tränenschleier und Plexiglas,
beides meinen Blick verschleiernd,
meine Gefühle zu Dir trennend,
versuche ich durchzudringen
Dich zu finden, zu berühren, zu erreichen.
Wo bist Du?
Noch gerade war alles So gut, So warm, So rund …
So froh, So stolz, So wunderbar …
Nun plötzlich ist alles nur mehr So schlimm,
So schrecklich, So künstlich,
So unwirklich, So verkehrt.
Wo bist Du?
Wieso Du? Wieso Ich? Was tun wir hier?
Warum hast Du mich verlassen,
warum hab' ich Dich verlassen?
Unser Wir ist doch gar noch nicht so stark,
wo find' ich Dich und mich wieder?
Durch Tränenschleier und Plexiglas.

Intensivstationen sind, wie der Name sagt, *intensiv*. Sie haben mit lebensbedrohlich Erkrankten zu tun und mit deren Angehörigen, die – zumeist völlig unvorbereitet – anfangs in einer spontanen Schockreaktion versuchen, Schwerzufassendes zu realisieren. Die Situation ist gekennzeichnet vom inneren Dialog der Gedanken und Gefühle. Einerseits existieren kognitive Inhalte, die von Ärzten und Personal klar und logisch in verbalen Realitäten vermittelt werden. Andererseits besteht – trotz klarer Worte – die Unsicherheit bezüglich der Bedeutung, die oftmals unklare Prognose und die Schwierigkeit, die langfristige Auswirkung auf das betroffene Individuum und dessen Familie einzuschätzen. All dies führt zu Verwirrung und Unsicherheit. Zu einem inneren Dialog, der Wiederholung beängstigender und beruhigender gehörter Worte, gesellt sich ein Wirbelsturm der Gefühle: Schuldgefühle, Verlustgefühle, Liebesgefühle, Trauergefühle, existentielle Infragestellung der eigenen Identität

Dies spielt sich auf jeder Intensivstation ab, wobei die kulturellen Unterschiede in bezug auf Introversion und Extroversion des Erlebten sehr groß sind.

Das Besondere an der neonatologischen Intensivstation ist die Lebensphase rund um die Geburt, die einen eigenen Rahmen schafft. Hierher gelangt das Wunder beziehungsweise das Trauma des zu früh, zu klein, und/oder zu krank Geborenen. Die oft noch Blut und Milch tropfende Wöchnerin erlebt durch die technischen Behelfe – trotz vorangegangener Komplikationen – die Hoffnung, daß sich durch modernstes High-Tech und Knowhow doch noch alles zum Guten wenden könnte. Die Überzeugung, daß die Apparatewelt Wunder vollbringen werde, charakterisiert die ersten Tage in der neuen NICU-Welt (Neonatal Intensive Care Unit).

In allen Fällen, in denen das intensiv betreute Neugeborene jedoch etwas länger verweilen muß, gehören das Einbeziehen des psychotherapeutischen Gedankenguts und die Reflexion der Denkanstöße, die die klassische Psychoanalyse in diesem Ambiente anbietet, heutzutage zum modernen Image einer neonatologischen Intensivstation ebenso dazu, wie Psychoonkologie ein Terminus technicus geworden ist. Und ähnlich wie in der

Psychoonkologie muß eingestanden werden, daß eben erst die Entwicklung und die Erfolge der modernen Intensivmedizin den Bedarf an eine psychologische Betreuung erweckt haben.

Was also ist Psychoneonatologie oder neonatologische Psychointensivmedizin?

Psychotherapie auf der neonatologischen Intensivstation befaßt sich mit drei Schwerpunkten:

1. Stützung des Aufbaus der Eltern-Kind-Beziehung unter besonderer Berücksichtigung der speziellen Bedürfnisse und Eigenheiten der psychischen Entwicklung des Frühgeborenen und/oder postpartal intensivgepflegten Neugeborenen,
2. psychotherapeutische Unterstützung des Betreuungsteams, Teamsupervision bei Bedarf oder Kommunikationshilfe bei Konflikten zwischen den verschiedenen Berufsgruppen,
3. Betreuung der »neugeborenen« Mütter/ Väter/ Familien.

Ad 1: Durch das Ereignis der Frühgeburtlichkeit und/oder der lebensbedrohlichen Erkrankung des Neugeborenen ist der normale postpartale Beziehungsaufbau zwischen Eltern und Kind erschwert. Das dem gesunden und zum Termin geborenen Baby zur Verfügung stehende Bindungsrepertoire ist auf diskreteste Signalemissionen eingeschränkt, deren Interpretation selbst geschulten Spezialisten der Nachkommen der von Anna Freud 1938 gegründeten Disziplin des »baby watching« oder »baby observation« nicht leichtfällt. So sind beispielsweise das visuelle Fixieren und das Herstellen wechselseitiger Aufmerksamkeit und sogar früher repetitiver mimischer Dialoge – wie sie beim gesunden Neugeborenen unmittelbar postpartal beobachtet werden können – noch nicht oder kaum erst entwickelt und können dem intuitiven emotionalen und gestischen Angebot seitens der Eltern nicht entgegengestellt werden. Dies führt oft zur Verunsicherung, Zweifel und Ängstlichkeit bei den bemühten Eltern.

Die Regulation und Organisation affektiver Stimmungszustände und weiterer entwicklungspsychologisch relevanter Integrationsleistungen und früher Vorstufen des sich entwickelnden Identitäts- und Selbstwertgefühls in den ersten Lebensmonaten, welche durch viele interaktive Kommunikationssequenzen zwischen Müttern und ihren Babys gelernt werden, geschieht nicht oder dessynchroner und dysharmonischer. Insofern ist die Rolle des Psychotherapeuten auf der neonatalen Intensivstation auch eine der Informationsvermittlung über relevantes Wissen auf dem Gebiet der Entwicklungspsychologie und Bindungsforschung zum Wohle der Minimierung psychischer Auffälligkeiten bei den intensivbetreuten Säuglingen und zur Prophylaxe schwerwiegender Folgen durch unerkannte Interaktions- und Beziehungsstörungen.

Ad 2: In meiner Rolle als Liaisonpsychotherapeutin (M. Dunitz) lerne ich zunehmend weniger Mütter direkt kennen. Dies klingt paradox; gemeint ist, daß es prinzipiell zwei Formen der Liaisonarbeit gibt: erstens, die Übernahme des »Problemfalls«. Das Team verspürt erleichtert sofortige Entlastung, die Problemmutter ist kompetent versorgt, alle sind zufrieden. Diese Lösung führt baldigst zur Erschöpfung der therapeutischen Kapazität des Liaisonhelfers und erweist sich als langfristig insuffizient.

Die zweite Möglichkeit ist die individuelle Erhebung der besonderen Art des Problems mit allen beteiligten Einzelpersonen und Berufsgruppen auf der Intensivstation, um dann in einem weiteren Schritt als Konfliktmanager meist entstandene Kommunikationsmißverständnisse zu überbrücken. Hier geht es häufig um Reflexion der Übertragung einer bestimmten Persönlichkeit, beispielsweise einer histrionischen, eines Elternteils auf Personen im Helferteam und um konstruktive und praktische Tips, wie mit der verspürten Gegenübertragung besser, das heißt professioneller umgegangen werden kann. Hier erlebe ich die nicht psychotherapeutisch geschulten Kollegen und das Pflegepersonal als lernfähig, motiviert und interessiert.

Einen Sonderfall stellt der sogenannte hoffnungslose Fall dar. Auf jeder Station gibt es Kinder, bei denen alle Künste moderner Intensivmedizin nicht zum erwarteten Erfolg führen. Das sind Kinder mit komplexen Mißbildungssyndromen, mit schwersten zerebralen Defektheilungen oder pulmonalen Langzeitkomplikationen; Kinder, die nicht nur nicht gesund werden, sondern aus verschiedensten Gründen oft jahrelang nicht nach Hause entlassen werden können. Im Jargon werden sie oft »Stationsinventar« oder noch schlimmer »Stationsleichen« genannt. Man hat sich an sie gewöhnt, bestenfalls werden sie vom Pflegepersonal emotional adoptiert, meist erkennt man ihr Bettchen daran, daß, obwohl mit den meisten Spielsachen behängt, bei jeder Visite ein großer Bogen darum gemacht wird. Diese Situation löst offensichtlich Aggression, Frustration und Resignation aus, ein Patient verhält sich nicht nach Schema, das Spezialistenteam ist gekränkt, die Entwicklung des Burn-out-Syndroms scheint unausweichlich.

Der Umgang mit diesen Langzeitpflegefällen bedarf eines besonderen Einsatzes des Liaisonhelfers. Hier erweisen sich oft sogenannte Helferkonferenzen der verschiedenen involvierten Spezialisten mit der Festlegung konkreter nächster Schritte als hilfreich.

So konnten wir beispielsweise ein 3jähriges Mädchen, das seit ihrer Geburt wegen eines Kurzdarmsyndroms nicht entlaßbar war, durch eine gemeinsame Therapieplanung der Gastroenterologie, der Kinderchirurgie und unserer Arbeitsgruppe nach 3 Jahren innerhalb von 2 Monaten von der Abhängigkeit von parentaraler Ernährung und Dauersonde entwöhnen und nach stufenweiser Probe erstmalig ohne medizinische Zusatzbehelfe ganz nach Hause entlassen.

Ad 3: Nun möchte ich auf die Besonderheiten der oft am Rande stehenden Hauptbetroffenen, der »neugeborenen« Mütter zu sprechen kommen. Bei der Psychotherapie der Eltern, vor allem der Mütter auf der neonatologischen Intensivstationen unterscheiden wir:

1. Begleitung der Wöchnerin im Genesungsprozeß des Babys,
2. Begleitung der Wöchnerin bei angeborenen Fehl- und Mißbildungen des Babys,
3. Begleitung der Wöchnerin bei lebensbedrohlicher Erkrankung des Babys und letalem Ausgang,

4. Psychotherapie der psychiatrisch kranken Wöchnerin, zum Beispiel bei postpartaler Psychose beziehungsweise bei postpartaler Depression,
5. Soziotherapie der deprivierten, resourcenarmen Wöchnerin,
6. Begleitung der Wöchnerin mit Kumulation verschiedener zusätzlicher Traumen.

Im Normalfall werden die ersten 3 Punkte vom Pflegeteam der Intensivstationen mit bewundernswerter Güte, Geduld und Verständnis gut geschafft. Ähnlich wie auf onkologischen Abteilungen verbleiben nur Kollegen und Kolleginnen sowohl im ärztlichen Dienst als auch im Pflegepersonal länger auf der Intensivstation, welche der enormen psychische Dauerbelastung auf Grund der hohen Sterberate dieser Patientengruppe standzuhalten gelernt oder psychologische Strategien entwickelt haben, um mit der täglichen Ausnahmesituation zu leben. Die Normalität der Arbeitsatmosphäre, welche dadurch für das Erleben der jungen Eltern geschaffen wird, wirkt professionell, beruhigend und stabilisierend.

Die Notwendigkeit einer psychotherapeutischen Intervention im engeren Sinn entsteht in den Gruppen 4, 5, 6.

Zu Gruppe 4: Psychotherapie der psychiatrisch kranken Wöchnerin, zum Beispiel bei postpartaler Psychose beziehungsweise bei postpartaler Depression: Hier ist eine enge Liaison mit Kollegen der Psychiatrie und des Jugendamtes unumgänglich. Es gilt zu klären, ob das Baby nach Behandlung der Mutter bei ihr aufwachsen können wird oder ob zum Schutz des Kindes eine Fremdunterbringung notwendig sein wird. Eine gemeinsame Aufnahme von Mutter und Kind auf einer psychotherapeutischen Station erlaubt eine Interaktionsbeobachtung und -diagnostik im geschützten Rahmen und hilft, die schwierige Entscheidung zu treffen.

Zu Gruppe 5: Die Soziotherapie der ressourcenschwachen und selbst deprivierten, meist jungen Mutter: Hier ist eine frühestmögliche und enge Zusammenarbeit mit der Sozialarbeit unabdingbar, die notwendige Kommunikationsschritte zur peripheren Diensten (in Österreich: sog. »Sprengel-Sozialarbeiterin«) initiiert. Die moderne Jugendwohlfahrt verfügt über großzügige und für die Klienten kostenlose bis zu 40 Stunden/Woche dauernde Unterstützungsprogramme, die nebst Frühförderung, Physiotherapie und Ergotherapie als zusätzliche Stimulations-, Förderungs- und Kontrollinstanzen bereits während des stationären Aufenthaltes organisiert werden sollten, um zum Zeitpunkt der vorgesehenen Entlassung sofort zu Hause wirksam zu werden.

Zu Gruppe 6: Begleitung von Wöchnerinnen mit Kumulation verschiedener zusätzlicher Traumata: Diese Gruppe erscheint mir die größte und bisher unerkannteste. Gemeint sind Mütter, die in ihrem Beziehungsaufbau zum intensivgepflegten Baby und in ihrem Verhalten als ungewöhnlich und auffällig erlebt werden und bei denen sich in ausführlicher Anamnese und tiefenpsychologischer Sondierung verschiedene schwerste Traumata zeigen, die oft erstmalig angesichts der Intensivpflege des Neugeborenen zu einer Dekompensation der bisherigen Copingmechanismen führen.

Diese Mütter scheinen oft gegenüber den Bemühungen seitens des Pflegeteams inert, psychisch wie gelähmt, in einem protrahierten Schockzustand, der bei näherer Befragung oft schon seit oder knapp vor der Geburt des Kindes besteht. Der Fachausdruck der protrahierten postpartalen Depression wird der besonderen psychischen Situation der Mütter nicht ganz gerecht. Besser wäre etwa die Bezeichnung protrahierte postpartale emotionale Paralyse der emotionalen Bindungs- und Beziehungskräfte, die aus einer symbiotischen Lähmung mit dem schwerkranken Säugling nicht entkommen.

Die Schilderungen durch diese Mütter sind gekennzeichnet von berührender, »wunschloser Elend«-Stimmung. Die Mütter wirken regrediert, vollkommen hilflos, emotional ausgebrannt und perspektivenlos. Angesichts der Schwere der Erkrankung des intensivgepflegten Babys und der meist unklaren Prognose, sind sie nicht in der Lage, »mit dem normalen Leben« weiterzumachen. Die Zeit scheint stillzustehen, die Besuchszeit auf der Intensivstation lähmt alles, schwere Schlaf- und Eßstörungen gehören zum Alltag, manche Mütter schildern einen Zustand der Existenzauflösung: nichts spüren, sich einfach auflösen – schlimmer werden, geht nicht mehr. Die medizinischen Umstände wie Beatmung und Sondieren ihrer Neugeborenen werden ohne klare Identitätstrennung subjektiv selbst erlebt und mitgelitten.

Zwar wiegen die Mütter selbst mehr als 600 Gramm, brauchen keinen sichtbaren Tubus zum Atmen und keine Sonde zum Essen; aber psychisch sind sie noch nicht abgenabelt. Die objektive Abnabelung des Neugeborenen wurde oft im Trubel und der Hektik eines vorzeitigen und unerwarteten Geburtsvorgangs gar nicht bewußt wahrgenommen.

Vorteile der psychotherapeutischen Betreuung in der NICU

Die psychotherapeutische Kontaktaufnahme mit den Müttern ist in der Postpartalperiode besonders leicht. Emotionen und persönliche Schwächen werden leicht kommuniziert, der psychische Apparat erscheint dünnhäutig, labil, aber auch existentiell bedroht. Zusätzliche Hilfsangebote durch den Kindesvater können meist gut angenommen werden, die Not bindet die Partner aneinander.

Nachteile der psychotherapeutischen Annäherung auf der NICU

Psychotherapie vermag hier nicht sehr viel; es gilt, Zeit anzubieten, das bisweilen »wunschlose Elend« zu teilen, und in weiteren Schritten die familiären Ressourcen (Ehemann, Freund, Geschwister, andere Kinder, Großeltern) mit einzubeziehen. Die psychotherapeutische Intervention beschränkt sich auf eine Mitunterstützung durch eine aktuelle Lebensberatung, Strukturierung der nächsten Tage und kurzfristige Kontrollen. Eine Kommunikation der Inhalte der Gespräche mit den Müttern und deren Angehörigen mit dem stationären Pflegeteam ist von großer Bedeutung, da diese die atmosphärische Qualität des Stationsklimas am meisten beeinflussen, und dies für die betroffenen

Mütter der wichtigste – subjektiv als Unterstützung erlebte – Einzelfaktor darstellt.

Ausblick

Die Zukunft liegt nicht in der rosaroten, mit Plüschtieren und Schaffellen tapezierten neonatologischen Intensivstation. Oder in der mit grellem Froschgrün ausgesprayten Alternativ-Gebärbox eines Kreißsaals, der mit allen Gags moderner Geburtshilfe wie Bällen, Ringen, Reifen und so weiter ausgestattet ist. Die Hightechmedizin kann nicht im alternativen »Back-to-nature«-Trend an Humanität gewinnen.

Es genügt zu erkennen, daß die meist risikobehaftete, zu frühe Geburt aus der Mutter-Kind-Einheit der Schwangerschaft noch lange nicht reife und emotional gelöste Individuen gemacht hat. Gerade in der Intensivpflege des Neugeborenen muß die Respektierung und Einbeziehung aller Bedürfnisse der Mütter, seien sie körperlich oder seelisch, zur Selbstverständlichkeit werden, ohne die der gesamte intensivmedizinische Aufwand sich selbst relativiert und ad absurdum führt.

Viele moderne Pädiatriestationen leben heute noch in der Vorzeit zeitgemäßer psychotherapeutischer Erkenntnisse. Manch sogenanntes »primitives« Entwicklungsland bietet humanere und psychologisch adäquatere Bedingungen für die Situation der jungen Mütter.

Aber da es in der humanistischen und wissenschaftlichen Entwicklung nie ein »Zurück« gibt, kann es auch im Gebiet der Psychotherapie auf der neonatologischen Intensivstation nur ein Vorwärts unter Reflexion und Einbeziehung verschiedener hilfreicher para- und interdisziplinärer Erkenntnisse geben. Dies kostet nichts und ist aus der Sicht der Betroffenen die wesentlichste Qualitäts- und Effizienzsicherung.

Kai von Klitzing

Die Wirksamkeit psychotherapeutischer und pädagogischer Interventionen im frühen Kindesalter

Ein Forschungsausblick

Kein Buch über psychotherapeutische Methoden sollte ohne ein Kapitel über Forschung in diesem Bereich enden. Auch wenn alle Autorinnen und Autoren dieses Bandes von der Wirksamkeit ihrer therapeutischen Arbeit mit Säuglingen, Kleinkindern und ihren Eltern überzeugt sind, weil sie diese täglich mit klinischer Evidenz erleben, so ist doch die systematische Interventionsforschung sowohl »nach außen« als auch »nach innen« dringend erforderlich. Mit »nach außen« sind Krankenkassen, Kollegen anderer Fachrichtungen und nicht zuletzt die Eltern mit ihren Kindern gemeint, denen wir es schuldig sind, uns systematisch mit der Wirksamkeit unserer Methoden auseinanderzusetzen. »Nach innen« bedeutet, daß wir selbst aller unserer Überzeugungen zum Trotz immer eine fragende Haltung bewahren und offen für Überraschungen sein müssen, die uns sowohl Einzelfälle als auch systematische Analysen größerer Stichproben bieten können. Vor allem im deutschsprachigen Raum fehlt es sowohl an gut durchgeführten qualitativen Einzelfallstudien als auch an quantitativen Untersuchungen über Indikation, Verlauf und Wirksamkeit pädagogischer und psychotherapeutischer Interventionen in der frühen Kindheit.

Außerhalb unseres Sprachraums gibt es hierzu schon relevante Ansätze. So haben Robert-Tissot, Cramer et al. (1996) unterschiedliche Methoden von Kurztherapien (Psychodynamische Mutter-Kleinkindtherapien versus Interaktionsanleitung/»Interaction Guidance«) systematisch auf Ergebnisvariablen hin evaluiert. Die Ergebnisse zeigten eine systematische Symptomreduktion, eine Verbesserung dyadischer Interaktionen, eine Zunahme des Selbstvertrauens sowie eine Abnahme negativer Affekte bei der Mutter. Fonagy (1996) und van Ijzendoorn et al. (1995) geben Überblicke über Forschungsergebnisse im Hinblick auf die Wirksamkeit früher psychotherapeutischer Interventionen. In den USA sind unter anderem die systematischen Untersuchungen von Olds et al. (1994) zu erwähnen, die den positiven Einfluß regelmäßiger, psychosozial unterstützender Hausbesuche während der Schwangerschaft in Risikopopulationen auf die Entwicklung der elterlichen Betreuungsqualität und die kindliche Gesundheit bis ins 5. Lebensjahr demonstrieren. Zur Zeit werden in 12 nationalen Zentren interinstitutionell Wirksamkeit und Wirkmechanismen psychoedukatorischer Unterstützungsprogramme (»Early Headstart«) mit einem breitangelegten empirischen Forschungsdesign untersucht (vgl. U. S. Department of Health u. Human Services 1994). Diese Aufzählung soll nur einige Beispiele geben und ist keineswegs vollständig.

Was wirkt wie unter welchen Umständen? So könnte man die Standardfrage der Interventionsforschung formulieren. Es geht also nicht nur um den Wirksamkeitsnachweis unserer therapeutischen Ansätze, sondern auch um eine Erweiterung unseres Wissens darüber, unter welchen Voraussetzungen und Bedingungen, auf welche Weise und mit welchen Begrenzungen Interventionen in der frühen Kindheit für unsere Patienten nützlich sein können. Mit anderen Worten: Was funktioniert und was funktioniert nicht unter welchen Umständen? Im folgenden soll auf wichtige Kriterien und die mit ihnen verbundenen methodischen Probleme einer systematischen Interventionsforschung eingegangen werden.

Wie können angemessene Kontrollgruppen gefunden werden?

In der Wirksamkeitsforschung gelten Medikamentenstudien mit einem Doppelblind-Design als vorbildlich. Weder Patient, behandelnder Arzt noch Beurteiler des Behandlungserfolgs wissen, wer die Wirksubstanz und wer Placebo erhalten hat. Der Wirksamkeitsnachweis soll so von subjektiven Faktoren gereinigt werden. Ist dies schon in der Medikamentenforschung ein schwieriges Unterfangen, so können in der Psychotherapieforschung Patient und Therapeut nicht blind gegenüber der Anwendung beziehungsweise Nichtanwendung einer Therapie bleiben. Nur diejenigen, die die Ergebnisvariablen erheben, sollten nicht wissen, ob die zu untersuchende Person der Behandlungs- oder der Kontrollgruppe angehört, ein Ideal, das auch nicht immer zu erfüllen ist. Insbesondere bei der Erhebung von Interview- und Beobachtungsdaten läßt sich die Gruppenzugehörigkeit oft nicht verborgen halten.

Wie in jeder Psychotherapiestudie stellt sich auch bei einer Untersuchung der Wirksamkeit früher psychotherapeutischer Interventionen die Frage nach geeigneten Kontrollgruppen. Hierbei müßte es sich um unbehandelte Kinder und Familien handeln, die in etwa die gleiche Quantität und Qualität von Störungen aufweisen wie diejenigen in der Behandlungsgruppe. Bei Patienten aber, die unsere Sprechstunden aufsuchen, ist eine zufällige Einteilung in Behandlungs- und Kontrollgruppe (Randomisierung) nicht ohne weiteres möglich, da dies ja bedeuten würde, daß den Mitgliedern der Kontrollgruppe eine Behandlung vorenthalten würde, was nicht unerhebliche ethische Probleme mit sich brächte. Die Bildung von Kontrollgruppen aus solchen Patienten beziehungsweise Eltern, die sich gegen ein Behandlungsangebot entscheiden, erfüllt den wissenschaftlichen Standard nicht, da später gefundene Unterschiede zwischen diesen beiden Gruppen nur allzu leicht auf die unterschiedlichen Motivationsstrukturen zurückzuführen sein könnten.

Nun könnte man so argumentieren, daß ähnlich wie in Medikamentenstudien die Wirksamkeit unserer Therapien noch gar nicht nachgewiesen ist, man den Patienten also noch gar nichts vorenthält, wenn man sie nicht behandelt. Eltern, die sich in einer akuten Not mit einem beispielsweise nicht schlafenden oder dauernd schreienden Kind befinden, werden aber mit Recht Alternativen suchen, wenn sie keine Hilfe erhalten. Solche Behandlungen außerhalb des Untersuchungssettings sind nicht so leicht zu kontrollieren wie beispielsweise eine Medikamenteneinnahme in Medikamentenstudien. Sie können aber einen möglichen Unterschied in den Erfolgsvariablen zwischen Behandlungs- und Kontrollgruppe erheblich mildern, wenn nicht sogar unkenntlich machen. Tissot, Cramer et al. (1996) lösen das Problem, indem sie zwei theoretisch fundierte Therapiemethoden miteinander vergleichen (s. o.). Der Schluß, daß beide Methoden (psychodynamische Therapie und »Interactional Guidance«) zum gleichen Ergebnis führen, kann aus diesem Design heraus zwar gezogen werden. Es kann aber nicht bewiesen werden, daß die Therapien wirklich eine Verbesserung erzielen, da die gefundenen Veränderungen in den Ergebnisvariablen (bessere Interaktion, bessere elterliche Qualität etc.) auch allein dem Entwicklungsfortschritt zu verdanken sein könnten.

Ein Weg, eine randomisierte Zuteilung in Behandlungs- oder Kontrollgruppe ethisch akzeptabel zu gestalten, könnte darin bestehen, ein Interventionsprogramm von Anbeginn an als ein wissenschaftliches Experiment zu definieren und es unter solchen Vorzeichen einer Population anzubieten, die ohne dieses Programm wahrscheinlich überhaupt nicht in den Genuß einer therapeutischen Intervention oder entwicklungspsychologischer Untersuchungen gekommen wäre. Dies wäre beispielsweise bei einer Untersuchung, ausgehend von der Schwangerschaft, denkbar, weil Beziehungsrisiken während der Schwangerschaft heutzutage noch kaum erfaßt, geschweige denn mit einem auf die Eltern-Kind-Beziehung fokussierten, längsschnittlich angelegten Setting psychotherapeutisch behandelt werden. Ein solches Interventionsprogramm erfordert erhebliche finanzielle Mittel und eine sorgfältige Beziehungsgestaltung gerade mit den Mitgliedern der Kontrollgruppe inklusive einer genauen Erfassung aller von diesen ergriffenen Bemühungen, außerhalb des Forschungssettings Hilfe zu erlangen.

Welches sind die Wirkmuster und -wege früher psychotherapeutischer Interventionen?

Zu einer guten Wirksamkeitsstudie gehören eingehende Überlegungen und Hypothesen darüber, auf welche Weise eine psychotherapeutische Intervention wirken kann. Welches sind die möglichen Wege des psychotherapeutischen Einflusses hin zu einem Therapieeffekt? Ein wesentlicher Ausgangspunkt jeglicher Psychotherapie ist die Beziehung zwischen dem Therapeuten oder der Therapeutin und den Eltern sowie – im Laufe der Entwicklung auch zunehmend – dem Kind. Häufig genannte Überlegungen gehen davon aus, daß innerhalb dieser Beziehung die elterliche Einstellung und damit auch die elterlichen Gefühle und Handlungen dem Kind gegenüber verändert werden können. Solche Veränderungen können dazu führen, daß die kindlichen emotionalen Bedürfnisse im familialen Beziehungsgefüge besser befriedigt werden. Diese frühen Erfahrungen haben einen lebenslang wirksamen Einfluß auf die psychoemotionale (Maccoby et al.1983) und kognitive Entwicklung (Rutter1990). Aber sicher spielt die Individualität des Kindes auch eine wichtige Rolle. Kann unsere therapeutische Arbeit direkt darauf einwirken? Wie sieht ein solcher Einfluß in Relation zum Entwicklungsstand des Kindes aus (vgl. den Beitrag von Papoušek in diesem Band)? Wichtig für die Therapieforschung ist, daß mögliche, die Wirkung vermittelnde Variablen, beispielsweise die elterlichen emotionalen Einstellungen und Verhaltensweisen, gezielt erfaßt werden. Hierzu sind tiefgehende Interviews und systematische Beobachtungen der Interaktionen nötig.

Aber es sind auch Faktoren denkbar, die die Wirksamkeit einer psychotherapeutischen Intervention einschränken können. Olds et al. (1986,1994) fanden in der bereits erwähnten Studie in Unterschichtsfamilien deutliche Interventionseffekte (psychosozial ausgerichtete Hausbesuche) in Form von Verbesserungen der mütterlichen Gesundheitseinstellung, der emotionalen Qualität der Kinderbetreuung und der Gesundheit der Kinder sowie einer geringeren Abhängigkeit von der öffentlichen Fürsorge. Dabei erwiesen sich die psychischen Ressourcen der Mutter (mütterliche Intelligenz, seelische Gesundheit und aktiver Copingstil) als eine recht bestimmende Einflußgröße. Kinder von Müttern mit geringen Ressourcen wurden in der unbehandelten Kontrollgruppe häufiger mißbraucht als in der Interventionsgruppe. Die mütterlichen Ressourcen beeinflußten ebenfalls den Behandlungseffekt auf die Abhängigkeit von der Sozialhilfe. Die Richtung dieses Einflusses war aber umgekehrt: Mütter in der Interventionsgruppe mit einer hohen Ressourcenqualität waren deutlich weniger von der öffentlichen Fürsorge abhängig als solche mit geringen Ressourcen in der Interventionsgruppe und mit hohen Ressourcen in der unbehandelten Kontrollgruppe. Die Erfassung solcher Einflußfaktoren ermöglicht es, die Wirksamkeit therapeutischer Interventionen differenzierter und spezifischer zu untersuchen. Das kindliche Temperament könnte ein ähnlicher, die Wirksamkeit von Therapien beeinflussender Faktor sein.

Welche Rolle spielt die »Dosierung«?

Wer therapeutisch mit Kleinkindern und ihren Eltern arbeitet, weiß, wie unterschiedlich schwerwiegend Probleme und Störungen sein können, die auftretenden Symptomen in dieser Altersgruppe zugrunde liegen (vgl. die Beiträge von v. Hofacker und Barth in diesem Band). Eine Fütter- oder Trinkstörung kann Ausdruck einer vorübergehenden Entwicklungskrise oder einer schwerwiegenderen Beziehungsstörung sein. Manchmal zeigt sich hinter den Symptomen eine weitreichende elterliche Psychopathologie und in ganz seltenen Fällen gar eine beginnende Störung aus dem autistischen Formenkreis beim Kind. Daß dieses breite Spektrum eine gründliche Diagnostik erfordert, ist vielfach in diesem Buch dargestellt worden. Aber auch unsere therapeutischen Maßnahmen müssen sich sehr flexibel nach Quantität und Qualität der Störung richten und deshalb unterschiedlich intensiv sein. Sie können niederfrequent und von kurzer Dauer im Sinne von Kriseninterventionen sein. Es können aber auch längere psychotherapeutische Prozesse oder langfristige intensive Betreuungen auf einer Multisystemebene (Individuum, Familie, Sozialsystem) nötig sein.

Von daher stellt sich die Frage nach der Dosierung unserer therapeutischen Interventionen und deren Einfluß auf die Wirkung. Es ist nichts zu halten von hochstandardisierten Therapiesettings mit immer gleicher Intensität und Quantität der Intervention, ähnlich wie man nicht jeden Diabetiker mit der gleichen Menge und Applikationsfrequenz von Insulin behandeln kann. Der Abschätzung der Dosierung wird in der Psychotherapieforschung allgemein zu wenig Beachtung geschenkt. In Analogie zu Dosis-Effekt-Kurven bei der Medikamententherapie ist es wichtig, die Ergebnisse der psychotherapeutischen Intervention in Beziehung zur Häufigkeit der therapeutischen Sitzungen zu setzen. Jedoch geht der Begriff »Dosierung« im psychotherapeutischen Setting tiefer. Er beinhaltet auch die Intensität und Qualität der therapeutischen Beziehung Eltern – Kind – Therapeut, das Engagement, Interesse, die emotionale Beteiligung und Zufriedenheit aller Beteiligten (Emde 1988a). Diese Aspekte in der Forschung mehr zu beachten, stellt eine wesentliche methodische Herausforderung der Zukunft dar. Wer anders als Therapeutinnen und Therapeuten, die mit Säuglingen, Kleinkindern und ihren Eltern arbeiten und die Bedeutung der Beziehung sowohl für die Störungen als auch die Therapie täglich deutlich vor Augen sehen, sind dafür prädestinierter, diese differenzierten Aspekte auch in eine sinnvolle Therapieforschung einzubringen?

Woran soll das Ergebnis gemessen werden?

Diese Frage ist in der Psychotherapieforschung ebenso entscheidend wie umstritten. Ergebnisvariablen sollten Aspekte der kindlichen und/oder familialen Entwicklung erfassen, auf die die jeweilige Therapie von ihrem Konzept her zugeschnitten ist. Vielfach wird der kognitiven Entwicklung des Kindes eine zu wichtige Rolle als Ergebniskriterium zugesprochen. Wahrscheinlich liegt das daran, daß diese Variable besonders leicht und »objektiv« zu erfassen ist. Wie steht es aber mit der Qualität des elterlichen Beziehungsangebots, der Eltern-Kind-Interaktion und der emotionalen Entwicklung des Kindes? Niemand wird bestreiten, daß diese Faktoren für die seelische Gesundheit eines Kindes von großer Bedeutung sind. Diese Aspekte sind aber nicht so leicht valide und reliabel zu erheben wie ein Intelligenztest oder Eltern-Fragebogen. Einige Forschungsgruppen haben diesbezüglich schon Pionierarbeit geleistet und wichtige Interview- und Beobachtungsinstrumente geschaffen, von denen hier nur einige ohne Anspruch auf Vollständigkeit (subjektive Auswahl des Autors) genannt werden sollen: die »Emotional Availebility Scales« von Robinson et al. (1994) und das »Basler Elterninterview« (von Klitzing et al. 1996a und c) zur Erfassung der elterlichen Beziehungsqualität, die »Ainsworth-Strange-Situation-Untersuchung« (Ainsworth et al. 1978) zur Erforschung dyadischer und das »Lausanner Spiel zu dritt« (Corboz, Fivaz et al.1993) zur Beobachtung triadischer Eltern-Kind-Interaktionen, die »McArthur-Story-Stem-Battery« (Warren et al.1996, Oppenheim et al.1997) zur Erfassung der kindlichen Repräsentanzenwelt und Emotionalität nach dem Spracherwerb. All diese Instrumente bestehen aus genauen, videodokumentierten Beobachtungen und deren standardisierten Auswertungen, in denen möglichst viel Objektivität im Sinne einer hohen Replizierbarkeit angestrebt wird. Aus der Erkenntnis heraus, daß der Untersucher oder die Untersucherin immer auch den Untersuchungsgegenstand beeinflußt, sollte in ihnen aber auch der Subjektivität Raum gegeben, der emotionale Eindruck der Auswertungspersonen explizit gemacht und zur Beurteilung herangezogen werden.

Eine der wichtigsten methodischen Voraussetzungen, wenn nicht sogar die wichtigste, bei der Auswahl von Ergebnisvariablen (»Outcome«) für die Wirksamkeitsüberprüfung früher psychotherapeutischer Interventionen ist ein prospektiv-longitudinal angelegtes Forschungsdesign, das heißt, es werden Daten zu mehreren Meßzeitpunkten erhoben. Nur so kann man dem schnellen Fortschreiten und den wechselnden Facetten der kindlichen Entwicklung und der familialen Beziehungen in den ersten Lebensjahren gerecht werden. So wie die Erfahrung zeigt, daß psychotherapeutische Interventionen langfristig konzipiert sein müssen und daß viele Eltern mit ihren Kindern gerade in Übergangsphasen der Entwicklung den Weg immer wieder in die Sprechstunde finden (»intermittierend« vgl. die Beiträge von Barth und Papoušek in diesem Band), muß auch der Einfluß der psychotherapeutischen Intervention auf die Entwicklung langfristig untersucht werden. Longitudinal angelegte Studien sind in akademischen Kreisen nicht gerade beliebt. Sie versprechen keine schnellen Erfolgsmeldungen und damit keinen schnellen Ruhm für den Wissenschaftler. Außerdem legen sich die Institutionen der Forschungsfinanzierung nur ungern auf längere Förderungszeiträume fest. Aber nur mit langfristig angelegten Follow-up-Untersuchungen können wir unserem Untersuchungsgegenstand gerecht werden und »schlafende« Effekte unserer therapeutischen Bemühungen erfassen. Anzustreben ist dabei auch eine Forschungskooperation zwischen den verschiedensten in dem Feld tätigen Klinikern und Wissenschaftlern mit dem Fernziel interdisziplinärer und interinstitutioneller Langzeitstudien zur Erforschung von Wirksamkeit und Wirkmechanismen psychotherapeutischer Interventionen in der frühen Kindheit. Vielleicht gibt dieses Buch hierzu einen ersten Anstoß.

Literatur

Adair, R.; Bauchner, H.; Philipp, B.; Levenson, S.; Zuckerman, B. (1991): Night waking during infancy: role of parental presence at bedtime. Pediatrics 87: 500–504.

Ainsworth, M. D. S.; Blehar, M.; Waters, E.; Wall, S. (1978): Patterns of attachment: A psychological study of the Strange Situation. Hillsdale, NJ.

Alvarez, M.; St. James-Roberts, I. (1996): Infant fussing and crying patterns in the first year in an urban community in Denmark. Acta Paediatrica 85: 463–466.

Anders, T. F. (1989): Clinical syndromes, relationship disturbances, and their assessment. In: Sameroff, A. J.; Emde, R. N. (Hg.), Relationship disturbances in early childhood. A developmental approach. New York, S. 125–144.

Anders, T. F.; Halpern, L. F.; Hua, J. (1992): Sleeping through the night: a developmental perspective. Pediatrics 90: 554–560.

Areias, M.; Kumar, R.; Barros, H.; Figuerido, E. (1996): Correlates of postpartal depression in mothers and fathers. British Journal of Psychiatry, 169: 36–41.

Ballard, C. G.; Stanley, A. K.; Brockington, I. F. (1995): Post-traumatic stress disorder (PTSD) after childbirth. British Journal of Psychiatry, 166: 525–528.

Barr, R. G.; Konner, M.; Bakeman, R.; Adamson, L. (1991): Crying in Kung! San infants: a test of the cultural specificity hypothesis. Dev. Med. Child Neurol. 33: 601–610.

Barr, R. G.; Kramer, M. S.; Fless, I. B. (1989): Feeding and temperament as determinants of early infant cry/fuss behavior. Pediatrics 84: 514–521.

Barth, R. (1994): Prävention von Mißhandlung und Vernachlässigung:

Ein Beratungsangebot für Eltern mit Säuglingen und Kleinkindern in Australien. In: Kürner, P.; Nafroth, R. (Hg.), Die vergessenen Kinder. Köln.
Barth, R. (1995): Projekt »Schreibabys«. Abschlußbericht. Hg. Behörde für Arbeit, Gesundheit und Soziales, Amt für Gesundheit, Hamburg.
Barth, R. u. Warren, B. (1993): Zur Förderung einer positiven Beziehung zwischen Eltern und Kind – ein Beratungsangebot für Familien mit Säuglingen und Kleinkindern in Sydney. Praxis für Kinderpsychologie und Kinderpsychiatrie 42: 339–345.
Bates, J.; Bayles, K. (1988): Attachment and the development of behavior problems. In: Belsky, J.; Nezworski, T. (Hg.), Clinical implications of attachment. Hillsdale, NJ.
Benoit, D.; Zeanah, C. H.; Barton, M. L. (1989): Maternal attachment disturbances in failure to thrive. Infant Mental Health Journal 10: 185–202.
Berger, M. (1990): Zur Psychodynamik frühkindlicher Eßstörungen. In: Wiesse, J. (Hg.), Psychosomatische Medizin in Kindheit und Adoleszenz. Göttingen.
Berwick, D. M.; Levy, J. C.; Kleinerman, R. (1982): Failure to thrive: diagnostic yield of hospitalisation. Arch. Dis. Child 57: 347–351.
Bettes, B. (1988): Maternal depression and motherese: temporal and intonational features. Child Development, 59: 1089–1096.
Bion, W. R. (1990): Lernen durch Erfahrung. Frankfurt a. M.
Bion, W. R. (1992): Elemente der Psychoanalyse. Frankfurt a. M.
Boddy, J. M.; Skuse, D. (1994): Annotation: the process of parenting in failure to thrive. J. Child Psychol. Psychiatr. 35: 401–424.
Boom, D. van den (1995): Do first-year intervention effects endure? Follow-up during toddlerhood of a sample of dutch irritable infants. Child Development, 66: 1798–1816.
Borens, R. (1993): »… Vater sein dagegen sehr.« Zeitschrift f. psychoanal. Theorie und Praxis, 8: 19–31.
Bowlby, J. (1969): Attachment and Loss: Volume 1: Attachment. New York.
Bowlby, J. (1988): A secure base. Routledge, London.
Brazelton, T. B. (1984): Neonatal Behavioral Assessment Scale. London.
Brazelton, T. B. (1962): Crying in infancy. Pediatrics 29: 579–588.
Brazelton, T. B. (1992): Touchpoints. New York.
Brazelton, T. B. (1994): Touchpoints: opportunities for preventing pro-

blems in the parent-child relationship. Acta Paediatrica, suppl., 394: 35–39.
Brazelton, T. B.; Cramer, B. G. (1991): Die frühe Bindung: Die erste Beziehung zwischen dem Baby und seinen Eltern. Stuttgart.
Bretherton, I. (1991): Intentional communication and the development of an understanding of mind. In: Frye, D.; Moore, C., Children's theories of mind. Hillsdale, NJ, S. 49–75.
Bürgin, D. (1989): Die Bedeutung der prä- und postnatalen Bewegungsentwicklung für die Etablierung des Mutter-Kind-Dialoges. In: Pachler, M.; Strassburg, H. M. (Hg.): Der unruhige Säugling. Fortschritte der Sozialpädiatrie, 13: 171–179.
Bürgin, D. (1991): Die pränatale Entwicklung. In: Battegay, R.; Rauchfleisch, U. (Hg.): Das Kind in seiner Welt. Göttingen, S. 9–30.
Bürgin, D. (1993): Eltern werden ... (Anmerkungen zu einer normativen Entwicklungskrise). Kinderanalyse, 3: 273–302.
Bürgin, D. (1997): Drei- und Vielsamkeit als ursprüngliche Beziehungsform. Unveröffentlichtes Manuskript.
Bürgin, D. (Hg.) (im Druck): Auf dem Weg zur Elternschaft. Stuttgart.
Chatoor, I.; Dickson, L.; Schaefer, S.; Egan, J. (1985): A developmental classification of feeding disorders associated with failure-to-thrive: diagnosis and treatment. In: Drotar, D. (Hg.), New directions in failure-to-thrive: resarch and clinical practice. New York, S. 235–258.
Chatoor, I.; Getson, P.; Menvielle, E.; Brasseaux, C.; O'Donnell, R.; Rivera, Y. (1997): A feeding scale for research and clinical practice to assess mother-infant interactions in the first three years of life. Infant Mental Health Journal 18: 76–91.
Cogill, S.; Caplan, H.; Alexandra, H.; Robson, K.; Kumar, R. (1986): Impact of postnatal depression on cognitive development in young children. British Medical Journal, 292: 1165–1167.
Cohen, N. J.; Lojkasek, M.; Muir, E. (1997): Outcomes of two mother-infant psychotherapies. Poster presented at the biennial meeting of the Society for Research in Child Development, Washington, D. C.
Cohn, J.; Matias, R.; Tronick, E.; Connel, D.; Lyons-Ruth, K. (1986): Face-to-face interactions of depressed mothers and their infants. In: Tronick, E.; Field, T. (Hg.), Maternal depression and infant disturbance. New Directions for Child Development, 34: 31–46. San Francisco.
Cooper, P. J.; Campbell, E. A.; Day, A.; Kennerley, H.; Bond, A. (1988): Non-psychotic psychiatric disorder after childbirth. British Journal of Psychiatry, 152: 799–806.

Cooper, P. J.; Murray L. (1997): The impact of psychological treatments of postpartum depression on maternal mood and infant development. In: Murray, L.; Cooper, P. J. (Hg.), Postpartum depression and child development. New York, S. 201–220.

Corboz-Warnery, A.; Fivaz-Depeursinge, E.; Bettens, Ch.; Favez, N. (1993): Systemic analysis of father-mother-baby interactions: The Lausanne Triadic Play. Infant Mental Health Journal, 14: 298–316.

Cordes, R. (1993): Das Sozialverhalten autistischer Kleinkinder. Die frühe Interaktion von Müttern und ihren jungen autistischen Kindern. Autismus, Zeitschrift des Bundesverbandes Hilfe für das autistische Kind, 35: 16–21. (Diplomarbeit an der Universität Münster)

Cowan, C. P. u. Cowan, P. A. (1992): When partners become parents. New York.

Cox, A. D. (1993): Befriending young mothers. British Journal of Psychiatry 163: 6–18.

Cox, J. (1996): Perinantal mental disorder – a cultural approach. International Review of Psychiatry, 8: 9–16.

Cox, J.; Murray, D.; Chapman, G. (1993): A controlled study of the onset, duration and prevalence of postnatal depression. British Journal of Psychiatry, 163: 27–31.

Cramer, B. (1993): Are postpartum depressions a mother-infant relationship disorder? Infant Mental Health Journal, 14: 283–297.

Cramer, B. (1995): Short-term dynamic psychotherapy for infants and their parents. Child and Adolescent Psychiatric Clinics of North America, 4(3): 649-660.

Cramer, B.; Palacio-Espasa, F. (1993): La pratique des psychothérapies mère–bébés. Paris.

Davies, D. H.; Thoman, E. B. (1988): The early social enviroment of premature and full-term infants. Early Human Development 17: 221–33.

Debray, R. (1987): Bébés et mères en révolte. Traitements psychanalytiques conjoints des déséquilibres psychosomatiques précoces. Paris.

DeGangi, G. A.; DiPietro, J. A.; Greenspan, S. I.; Porges, S. W. (1991): Psychophysiological characteristics of the regulatory disordered infant. Infant Behavior and Development, 14: 37–50.

DeGangi, G. A.; Porges, S. W.; Sickel, R. Z.; Greenspan, S. I. (1993). Four-year follow-up of a sample of regulatory disordered infants. Infant Mental Health Journal 14: 330–343.

Dornes, M. (1993): Der kompetente Säugling. Die präverbale Entwicklung des Menschen. Frankfurt a. M.

Drotar, D.; Sturm, L. (1991): Psychosocial influences in the etiology, diagnosis, and prognosis of nonorganic failure to thrive. In: Fitzgerald, H. E.; Lester, B. M., Yogman, M. W. (Hg.), Theory and research in behavioral pediatrics, Vol. 5. New York, S. 19–59.

Dunitz, M.; Scheer, P. J. Z. (1991): Diagnostik und Therapie der frühen Mutter-Kind-Störung – Die sogenannte Gedeihstörung des Säuglings. Monatsschr. Kinderheilkunde 139: 465–470.

Emde, R. N. (1984): The affective self: continuities and transformations from infancy. In: Call, J.; E. Galenson; Tyson, R. L. (Hg.), Frontiers of infant psychiatry II. New York, S. 38–54.

Emde, R. N. (1988a): Risk, intervention and meaning. Psychiatry, 51: 254–259.

Emde, R. N. (1988b): Development terminable and interminable. I: Innate and motivational factors from infancy. Int. J. Psychoanal. 69/1: 23–42, 1988. II: Recent psychoanalytic theory and therapeutic considerations. Int. J. Psychoanal. 69/2: 283–296.

Ferber, R. (1987): Sleeplessness, night awakening, and night crying in the infant and toddler. Pediatrics in review 9: 69–82.

Field, T. M. (1984): Early interactions between infants and their postpartum depressed mothers. Infant Behavior and Development, 7: 517–522.

Field, T. M. (1990): Interventions to alleviate stress and facilitate growth and development in the pre-term neonate. In: Wollraich, M.; Roath, D. K. (Hg.), Advances in developmental and behavioral pediatrics 9.

Fisichelli, V.; Fisichelli, R.; Karelitz, S.; Cooper, J. (1974): The course of induced crying activity in the first year of life. Ped. Res. 8: 921–928.

Fonagy, P. (1996): Prevention, the appropriate target of infant psychotherapy. Paper presented at the 6th Congress of the World Association for Infant Mental Health, Tampere (Finnland).

Fonagy, P.; Steele, M.; Steele, H.; Moran, G.; Higitt, A. (1991): The capacity for understanding mental states: The reflective self in parent and child and its significance for security of attachment. Infant Mental Health Journal, 12: 201–217.

Forsyth, B. W. C. (1989): Colic and the effect of changing formulas: A double-blind, multiple-crossover study. J. Pediatr. 115: 521–526.

Forsyth, B. W. C.; Canny, P. F. (1991): Perceptions of vulnerability 31/2 years after problems of feeding and crying behavior in early infancy. Pediatrics 88: 757–763.

Fraiberg, S. (1980): Clinical studies in infant mental health. The first Year of life. New York.
Fraiberg, S., Adelson, E., Shapiro, V. (1980): Ghosts in the nursery: A psychoanalytic approach to the problem ofimpaired infant-mother relationships In: S. Fraiberg (Hg.), Clinical studies in infant mental health: New York, S. 164–196.
Fraiberg, S., Shapiro, V.; Cherniss, D. S. (1980): Treatment modalities. In: Fraiberg, S. (Hg.), Clinical studies in infant mental health. New York, S. 49–77.
Frank, D. A.; Zeisel, S. H. (1985): Failure to thrive. Ped. Clin. North Am. 35: 1187–1207.
Frascarolo, F.; Cornut-Zimmer, B.; Fivaz-Depeursinge, E. (1996): Vater-Mutter-Säuglings-Interaktionen im »Lausanner Spiel-zu-dritt«. Kindheit und Entwickung 5: 147–154.
Freud, S. (1905): Drei Abhandlungen zur Sexualtheorie. G. W. Bd. V, S. 29–145.
Freud, S. (1909): Analyse der Phobie eines fünfjährigen Knaben (»Der kleine Hans«). G. W. Bd. VII, S. 243–377.
Freud, S. (1913a): Das Unbewußte. GW, Bd X, S. 275.
Freud, S. (1913b): Zur Einleitung der Behandlung. Studienausgabe, Ergänzungsband: Schriften zur Behandlungstechnik. G. W. VIII. S. 454–478.
Freud, S. (1924): Der Untergang des Ödipuskomplexes. G. W. Bd. XIII, S. 395–402.
Freud, S. (1931): Über die weibliche Sexualität. G. W. Bd. XIV, S. 517–537.
Frodi, A. (1985): When empathy fails: Aversive infant crying and child abuse. In: Lester, B. M.; Boukydis, C. F. (Hg.), Infant Crying: Theoretical and Research Perspectives. New York, S. 263–278.
Frye, D.; Moore, C. (1991): Children's theories of mind. Hillsdale, NJ.
Gaensbauer, T. (1982): Regulation of emotional expression in infants from two contrasting caretaking environments. Journal American Academy Child Psychiatry, 21: 163–170.
Gloger-Tippelt, G. (1985): Der Übergang zur Elternschaft. Eine entwicklungspsychologische Analyse. Zeitschrift für Entwicklungspsychologie und Pädagogische Psychologie, 17: 53–92.
Gloger-Tippelt, G.; Rapkowitz, I.; Freudenberg, I.; Maier, S. (1995): Veränderungen der Partnerschaft nach der Geburt des ersten Kindes. Psychologie, Erziehung, Unterricht, 42: 255–269.
Goethe, J. W. (1961): Faust. Werke in 10 Bänden (Bd 4). Zürich.

Goldson, E. (1989): Neurological aspects of failure to thrive. Dev. Med. Child Neurol. 31: 816–826.

Greenspan, S. I. (1992): Infancy and early childhood: The practice of clinical assessment and intervention with emotional developmental challenges. Madison, CT.

Grossmann, K. E. (1977): Skalen zur Erfassung mütterlichen Verhaltens von Mary D. S. Ainsworth. In: K. E. Grossmann (Hg.), Entwicklung der Lernfähigkeit in der sozialen Umwelt. München, S. 96–107.

Grossmann, K. E. u. Grossmann, K. (1994): Bindungstheoretische Grundlagen psychologisch sicherer und unsicherer Entwicklung. GwG Zeitschrift der Gesellschaft für wissenschaftliche Gesprächspsychotherapie 96: 26–41.

Gustafson, G. E.; Green, J. A. (1991): Developmental coordination of cry sounds with visual regard and gestures. Infant Behav. Devel. 14: 51–57.

Haag, G. (1993): Discussion. Journal de la psychanalyse de l'enfant. Vol. 14. Paris, S. 66–72.

Hackel, L.; Ruble, D. (1992): Changes in the marital relationship after the first baby is born: predicting the impact of expectancy disconfirmation. Journal of Personality and Social Psychology, 62: 944–957.

Hagekull, B.; Bohlin, G.; Rydell, A. M. (1997): Maternal sensitivity, infant temperament, and the development of early feeding problems. Infant Mental Health Journal 18: 92–106.

Hammen, C. (1991): Depression runs in families. New York.

Hardy, J. B. u. Streett, R. (1989): Family support and parenting education in the home: an effective extension of clinic-based preventive health care services for poor children. Journal of Pediatrics 115: 927–931.

Harris, P. L.; Kavanaugh, R. D. (1993): Young children's understanding of pretense Monographs of the Soc. Res. Child Dev., Serial No 231, Vol 58, No 1.

Hartmann, H.-P. (1997): Mutter-Kind Behandlung in der Psychiatrie. Psychiatrische Praxis 24: 56–60.

Heptinstall, E.; Puckering, C.; Skuse, D.; Dowdney, L.; Zur-Szpiro, S. (1987): Nutrition and mealtime behaviour in families of growth-retarded children. Human Nutrition: Applied Nutrition 41a: 390–402.

Herzog, J. (1980): Sleep disturbance and father hunger in 18- to 28-month-old boys; The Psychoanalytic Study of the Child, 45: 219–233.

Herzog, J. (in Vorb.): Frühe Interaktionen und Repräsentanzen: Die Rolle des Vaters in frühen und späten Triaden, der Vater als Förderer der Entwicklung von der Dyade zur Triade. In: Bürgin, D. (Hg.), Auf dem Weg zur Elternschaft. Stuttgart.

Hochmann, J.: Discussion. Journal de la psychanalyse de l'enfant. Vol. 14: 73–80, Paris.

Hofacker, N. v. (1994): Persistent crying in infancy and minor neurological abnormalities. Poster 9. Kongress der International Society for Infant Studies (ICIS), Paris, Juni 1994.

Hofacker, N. v.; Jacubeit, T.; Malinowski, M.; Papoušek, M. (1996): Diagnostik von Beeinträchtigungen der Mutter-Kind-Beziehung bei frühkindlichen Störungen der Verhaltensregulation. Kindheit und Entwicklung 5: 160–167.

Hofacker, N. v.; Papoušek, M. (eingereicht): Disorders of excessive crying, feeding and sleeping: The Munich Interdisciplinary Research and Intervention Program. Infant Mental Health Journal.

Hofacker, N.; Papoušek, M.; Santavicca, G. (1997): Persistent crying in early infancy: a 30-month follow-up of clinical and community samples. Vortrag 6th International Workshop on Infant Cry Research. Lancaster, UK, 1.–4.7.97.

Hossain, Z; Field, T.; Gonzalez, J.; Malphurs, J.; Del Valle, C. (1994): Infants of »depressed« mothers interact better with their nondepressed fathers. Infant Mental Health Journal, 15: 348–357.

ICD-10 (1991): Internationale Klassifikation psychischer Störungen, klinisch-diagnostische Leitlinien, WHO. Kapitel V (F). Hg. H. Dilling, W. Mombour, M. H. Schmidt. Bern.

Ijzendoorn, M. van (1992): Intergenerational transmission of parenting: A review of studies in non-clinical populations. Developmental Review, 12: 76-99.

Ijzendoorn, M. van; Juffer, F.; Duyvesteyn, M. (1995): Breaking the intergenerational cycle of insecure attachment: A review of the effects of attachment-based interventions on maternal sensitivity and infant security. Journal of Child Psychology and Psychiatry, 36: 225–248.

Jakobsson, I. (1994): Mündliche Mitteilung. 105. Ross Conference on Pediatric Research, Palm Beach, Florida, 11.–14. November 1994.

Kagan, J.; Lamb, S. (Hg.) (1987): The emergence of morality in young children. Chicago/London.

Keller, H. (Hg.), (1989): Handbuch der Kleinkindforschung. Berlin/Heidelberg/New York.

Klein, M. (1927): Frühstadien des Ödipuskonfliktes. In: Frühstadien

des Ödipuskomplexes: Frühe Schriften 1928–1945, Band X. Frankfurt a. M. 1985, S. 7–21.
Klein, M. (1932): Die Psychoanalyse des Kindes. München.
Klitzing, K. von (1994): Vorläufer der Eltern-Kind-Beziehung in der Vorstellungswelt der Eltern. Psychosomatische Medizin, 23: 2–6.
Klitzing, K. von; Antusch, D.; Amsler, F.; Bürgin, D. (1995): Enfant imaginaire, enfant réel et triade. (Partie I: Structure du projet). Devenir, 7, 4: 59–75.
Klitzing, K. von; Bürgin, D. (1993): Der Einfluß psychischer Faktoren in der Schwangerschaft auf die entstehende Eltern-Kind-Beziehung. Teil 1: Grundüberlegungen zum Verlauf der Schwangerschaft. Gynäkologisch-Geburtshilfliche Rundschau, 33: 231–235.
Klitzing, K. von et al. (1996a): Basler Elterninterview. Unveröffentlichtes Interview- und Auswertungsmanual, Kinder und jugendpsychiatrische Universitätsklinik und -poliklinik, Basel.
Klitzing, K. von; Amsler, F.; Schleske, G.; Simoni H.; Bürgin, D. (1996b): Der Einfluß psychischer Faktoren in der Schwangerschaft auf die entstehende Eltern-Kind-Beziehung. Teil 2: Der Übergang von der Prä- zur Postnatalzeit. Geburtshilfl.-Gynäkolog. Rundschau.
Klitzing, K. von; Simoni, H.; Amsler, F.; Bürgin, D. (1996c): Der Einfluß der elterlichen Repräsentanzenwelt auf die Beziehungsentwicklung des Säuglings. Kindheit und Entwicklung, 5: 168–173.
Kumar, R. (1994): Postnatal mental illness: a transcultural perspective. Social Psychiatry and Psychiatric Epidemiology, 29: 250–264.
Lacan, J. (1953): Funktion und Feld des Sprechens und der Sprache in der Psychoananlyse. In: Lacan, J., Écrits. Paris 1966, S. 237–322. (Dt.: Schriften, Band I, Olten, S. 71–169)
Largo, R. H. (1992): Die normalen Krisen der kindlichen Entwicklung. Kindheit und Entwicklung 1: 72–76.
Largo, R. H. (1995): Kindliche Entwicklung und psychosoziale Umwelt. In: Schlack, H.G., Sozialpädiatrie: Gesundheit – Krankheit – Lebenswelten. Jena, S. 7–22.
Laucht, M.; Esser, G. et al. (1992): »Risikokinder«: Zur Bedeutung biologischer und psychosozialer Risiken. Praxis der Kinderpsychologie und Kinderpsychiatrie, 8: 274–285.
Laucht, M.; Esser, G.; Schmidt, M. H.; Ihle, W.; Marcus, A.; Stöhr, R. M.; Weindrich, D. (1996): Viereinhalb Jahre danach: Mannheimer Risikokinder im Vorschulalter. Z. Kinder-Jugendpsychiatr. 24: 67–81.
Lebovici, S. (1983): Le nourrisson, la mère et le psychanalyste. Les interactions précoces. Paris.

Lebovici, S. (1988): Interaction fantasmatique et transmission intergénérationnelle. In: Cramer, B. (Hg.): Psychiatrie du Bébé. Paris, S. 321–335.
Lebovici, S. (1990): Der Säugling, die Mutter und der Psychoanalytiker: die frühen Formen der Kommunikation. Stuttgart.
Lebovici, S. (1993): Discussion. Journal de la psychanalysede l'enfant. Vol. 14: 81–85, Paris.
Lehtonen, L. (1994): Infantile colic. Annales Unniversitatis Turkuensis, Sarja – Ser. D., Medica-odontologica 151.
Lehtonen, L.; Korvenranta, H.; Eerola, E. (1994a): Intestinal microflora in colicky and noncolicky infants: bacterial cultures and gas-liquid chromatography. J. Pediatr. Gastroenterol. Nutr. 19: 310–314.
Lehtonen, L.; Svedström, E.; Korvenranta, H. (1994b): Gallbladder hypocontractility in infantile colic. Acta Paediatr. 83: 1174–1177.
Lehtonen, L.; Korhonen, T.; Korvenranta, H. (1994c): Temperament and sleeping patterns in colicky infants during the first year of life. J. Dev. Behav. Pediatr. 15: 416– 420.
Lewis, J.; Owen, M. (1995): Stability and change in family-of-origin recollections over the first year of parenthood. Family Process, 34: 455– 467.
Lieberman, A. F.; Pawl, J. H. (1993): Infant-Parent Psychotherapy. In: Zeanah, C. H. (Hg.), Handbook of Enfant Mental Health. New York/London, S. 427– 442.
Liebermann, A. F.; Zeanah, C. H. (1995): Disorders of attachment in infancy. Child Adolesc. Clin. Northamer. 4: 571–587.
Lojkasek, M.; Cohen, N.; Muir, E. (1994): Where is the infant in infant intervention? A review of the literature on changing troubled mother-infant relationships. Psychotherapy, 31: 208–220.
Lothe, L.; Ivarsson, S.-A.; Ekman, R.; Lindberg, T. (1990): Motilin and infantile colic. Acta Paediatr. Scand. 79: 410–416.
Lozoff, B.; Wolff, A. W.; Davis, N. S. (1984): Cosleeping in urban families with young children in the United States. Pediatrics 74: 171–182.
Maccoby, E.; Martin, J. (1983): Socialization in the context of the family: Parent-child interaction. In: Mussein, P. (Hg.), Handbook of child psychology, Vol. 4: Socialization, personality, and social development. New York, S. 1–102.
Mahler, M. (1968): On human symbiosis and the vicissitudes of individuation. New York. (Dt.: Symbiose und Individuation, Band 1: Psychose im frühen Kindesalter. Stuttgart, 2. Aufl. 1979)

Mathisen, B.; Skuse, D.; Wolke, D.; Reilly, S. (1989): Oral-motor dysfunction and failure to thrive among inner-city infants. Dev. Med. Child Neurol. 31: 293–302.

Mc Cormick, M.; Gortmaker, S.; Sobol, A. (1990): Very low birthweight children: Behavior problems and school difficulty in a national sample. J. Pediatr. 117: 687–693.

McDonoug, S. (1993): Interaction Guidance: Understanding and Treating Early Infant-Caregiver Relationship Disturbances. In: Zeanah, C. H. (Hg.): Handbook of Infant Mental Health. New York/London, S. 414–426.

Macmillan, H. L.; Macmillan, J. H.; Offord, D. R.; Griffith, L.; Macmillan, A. (1994): Primary prevention of child physical abuse and neglect: A critical review. Journal of Child Psychology and Psychiatry, 35, part 1: S. 835–856, part 2: S. 857–876.

McDonough, S. C. (1995): Promoting positive early parent-infant relationships through interaction guidance. Child and Adolescent Psychiatric Clinics of North America, 4(3): 661–672.

Meltzoff, A. N.; Moore, M. K. (1994): Imitation, memory andthe representation of persons. Infant Behavior and Development 17: 83–99.

Meisels, S. J. u. Shonkoff, J. P. (Hg.), (1990): Handbook of Early Childhood Intervention. New York.

Michaelis, R.; Asenbauer, C.; Buchwald-Saal, M.; Haas, G.; Krägeloh-Mann, .J. (1993): Transitory neurological findings in a population of at risk infants. Early Hum. Dev. 34: 143–153.

Miller, A. R.; Barr, R. G. (1991): Infantile colic: Is it a gut issue? Pediatric Clinics of North America 38: 1407–1423.

Minde, K.; Faucon, A.; Falkner, S. (1994): Sleep problems in toddlers: effects of treatment on their daytime behavior. J. Am. Acad. Child Adol. Psychiatr. 33: 1114–1121.

Minde, K.; Popiel, K.; Leos, N.; Falkner, S.; Parker, K.; Handley-Derry, M. (1993): The evaluation and treatment of sleep disturbances in young children. Journal of Child Psychology and Psychiatry, 34: 521–533.

Minde, K. (1993): Prematurity and serious medical illness in infancy: Implications for development and intervention. Handbook of Infant Mental Health. New York, S. 87–105.

Minde, K.; Stewart, D. (1988): Psychiatric services in the neonatal intensive care unit. In: Cohen, R. (Hg.), Psychiatric Consultation in Child Birth Settings. New York, S. 151–64.

Muir, E. (1992): Watching, waiting and wondering: Applying psycho-

analytic principals to mother-infant intervention. Infant Mental Health Journal, 13: 319–328.
Murray, L. (1992): The impact of postnatal depression on infant development. Journal of Child Psychology and Psychiatry, 33: 543–561.
Murray, L.; Cooper, P. J. (Hg.) (1997): Postpartum depression and child development. New York/London.
O'Brien, S.; Repp, A.C.; Williams, G.E.; Christophersen, E. R. (1991): Pediatric feeding disorders. Behav. Mod. 15: 394–418.
Offermann-Zuckerberg, J. (1992): The parenting process: A psychoanalytic perspective. J. Am. Acad. Psychoan., 20: 205–214.
Olds, D. L.; Henderson, C. R.; Chamberlin, R.; Tatelbaum, R. (1986): Preventing child abuse and neglect: a randomized trial of nurse home visitation. Pediatrics, 78: 65–78.
Olds, D. L.; Henderson, C. R.; Kitzman, H. (1994): Does prenatal and infancy nurse home visitation have enduring effects on qualities of parental caregiving and child health in 25 to 50 months of life? Pediatrics, 93: 89–98.
Olds, D. L. u. Kitzman, H. (1990): Can home visitation improve the health of women and children at environmental risk? Pediatrics 86: 108–116.
Oppenheim, D.; Emde, R.; Warren, S. (1997): Children's narrative representations of mothers; their development and association with child and mother adaptation. Child Development, 68: 127–138.
Papoušek, H. (1969): Individual variability in learned responses during early post-natal development. In: Robinson, R. J. (Hg.), Brain and early behavior. Development in the fetus and infant: London, S. 229–252.
Papoušek, H.; Papoušek, M. (1977): Mothering and the cognitive headstart: psychobiological considerations. In: Schaffer, H. R. (Hg.), Studies in mother-infant interaction. London, S. 63–85.
Papoušek, H.; Papoušek, M. (1979a): The infant's fundamental adaptive response system in social interaction. In: Thoman, E. B. (Hg.), Origins of the infant's social responsiveness. Hillsdale, NJ.
Papoušek, H.; Papoušek, M. (1979b): Care of the normal and high risk newborn: A psychobiological view of parental behavior. In: Harel, S. (Hg.), The at risk infant. International Congress Series, No. 492. Amsterdam/Oxford/Princeton, S. 368–371.
Papoušek, H.; Papoušek, M. (1984): Qualitative transitions in integrative processes during the first trimester of human postpartum life. In: Prechtl, H. F. R. (Hg.), Continuity of neural functions from prenatal

to postnatal life. Oxford, Clinics in Developmental Medicine, 94, S. 220–244.
Papoušek, H.; Papoušek, M. (1987): Intuitive parenting: A dialectic counterpart to the infant's integrative competence. In: Osofsky, J. D. (Hg.), Handbook of Infant Development. 2. Auflage. New York, S. 669–720.
Papoušek, H.; Papoušek, M. (1992): Beyond emotional bonding: The role of preverbal communication in mental growth and health. Infant Mental Health Journal, 13: 42–52.
Papoušek, H.; Papoušek, M. (1995): Intuitive Parenting. In: Bornstetin, M. H. (Hg.), Handbook of parenting. Vol. 2: Biology and Ecology of parenting. Hillsdale, NJ, S. 117–136.
Papoušek, H.; Papoušek, M. (1997): Fragile aspects of early social integration. In: Murray, L.; Cooper, P. J. (Hg.), Postpartum depression and child development. New York, S. 35–53.
Papoušek, M. (1985a): Beobachtungen zur Auslösung von Schreiepisoden im frühen Säuglingsalter. Sozialpädiatrie in Praxis u. Klinik 7: 86–92.
Papoušek, M (1985b): Umgang mit dem schreienden Säugling und sozialpädiatrische Beratung. Sozialpädiatrie, 7, 294-300, 352–357.
Papoušek, M. (1987): Die Rolle des Vaters in der frühen Kindheit. Ergebnisse der entwicklungspsychobiologischen Forschung. Kind und Umwelt, 54: 29–49.
Papoušek, M. (1989): Frühe Phasen der Eltern-Kind-Beziehungen: Ergebnisse der entwicklungspsychobiologischen Forschung. Praxis der Psychotherapie und Psychosomatik, 34: 109–122.
Papoušek, M. (1994): Vom ersten Schrei zum ersten Wort: Anfänge der Sprachentwicklung in der vorsprachlichen Kommunikation. Bern.
Papoušek, M. (1995): Frühe Störungen der Eltern-Kind-Beziehungen im Säuglingsalter: Ein präventiver Ansatz zur Früherkennung und Behandlung. In: Schneider, H. (Hg.), Die frühe Kindheit. Heidelberg, S. 1–21.
Papoušek, M. (1996): Die intuitive elterliche Kompetenz in der vorsprachlichen Kommunikation als Ansatz zur Diagnostik von präverbalen Kommunikations- und Beziehungsstörungen. Kindheit und Entwicklung, 5: 140–146.
Papoušek, M. (1997): Entwicklungsdynamik und Prävention früher Störungen der Eltern-Kind-Beziehungen. Analytische Kinder- und Jugendlichen-Psychotherapie 28: 5–30.
Papoušek, M.; Hofacker, N. v. (1995): Persistent crying and parenting:

search for a butterfly in a dynamic system. Early Development and Parenting 4: 209–224.
Papoušek, M.; Hofacker, N. v. (im Druck): Persistent crying in early infancy: a non-trivial condition of risk for the developing mother-infant relationship. Child: care, health and development.
Papoušek, M.; Hofacker N. v.; Malinowski, M.; Jacubeit, T.; Cosmovici, B. (1994): Münchner Sprechstunde für Schreibabys. Erste Ergebnisse zur Früherkennung und Prävention von Störungen der Verhaltensregulation und der Eltern-Kind-Beziehungen. Sozialpädiatrie in der Pädiatrie 16: 680–686.
Papoušek, M.; Papoušek, H. (1990): Excessive infant crying and intuitive parental care: Buffering support and its failures in parent-infant interaction. Early Child Development and Care 65: 117–126.
Papoušek, M.; Papoušek, H. (1996): Infant colic, state regulation, and interaction with parents: A systems approach. In: Bornstein, M. H.; Genevro, J. L. (Hg.), Child development and behavioral pediatrics: Toward understanding children and health. Hillsdale, NJ.
Paykell, E. S.; Emms, E. M.; Fletcher, J.; Rassaby, E. S. (1980): Life events and social support in puerperal depression. British Journal of Psychiatry, 136: 339–346.
Pedrina, F. (1984): Psychotherapie mit einem Säugling. Arbeitshefte Kinderpsychoanalyse, 4: 90–103.
Pedrina, F. (1992): Psychotherapie mit Säuglingen und Eltern. Gedanken zu den frühen Symbolisierungsprozessen. Kinderanalyse, 0: 46–67.
Pedrina, F. (1997): Intrapsychisches und interaktionelles Geschehen in den Säugling-Eltern-Therapien. Arbeitshefte Kinderpsychoanalyse, 24: 119–133.
Piaget, J. (1945): Nachahmung, Spiel und Traum. Die Entwicklung des Symbolbegriffs beim Kinde.
Plomin, R.; Dunn, J. (Hg.) (1986): The study of early temperament: Changes, continuities, and challenges. Hillsdale, NJ.
Plunkett, J. M.; Meisel, S.; Steffl, S.; Pasick, P, Rolloff D. (1986): Patterns of attachment among pre-term infants of varying biological risk. J Amer Acad Child Psychiatry 25:794–800
Prechtl, H. F. R. (1984): Continuity of neural functions from prenatal to postnatal life. Clinics in Developmental Medicine, 94. Oxford.
Räihä, H.; Lehtonen, L.; Korvenranta, H. (1995): Family context of infantile colic. Infant Mental Health J. 16: 206–217.
Ramsay, M.; Gisel, E.; Boutry, M. (1993): Non-organic failure to thrive:

growth failure secondary to feeding-skills disorder. Dev. Med. Child Neurol. 35: 285–297.

Rautava, P.; Helenius, H.; Lehtonen, L. (1993): Psychosocial predisposing factors for infantile colic. BMJ 307: 600–604.

Rautava, P.; Lehtonen, L.; Helenius, H.; Sillanpää, M. (1995): Infantile colic: child and family three years later. Pediatrics 96: 43–47.

Richman, N. (1981): A community survey of characteristics of one- to two-year-olds with sleep disruptions. J. Am. Acad. Child Psychiatr. 20: 281–291.

Richman, N.; Douglas, J.; Hunt, H.; Lansdown, R.; Levere, R. (1985): Behavioural methods in the treatment of sleep disorders – a pilot study. J. Child Psychol. Psychiatr. 26: 581–590.

Rober-Tissot, C.; Cramer, B.; Stern, D. N.; Rusconi-Serpa, S.; Bachmann, J.-P.; Palacio-Espasa, F.; Knauer, D.; DeMuralt, M.; Berney, C.; Mendiguren, G. (1996): Outcome evaluation in brief mother-infant psychotherapies: report on 75 cases. Infant Mental Health Journal 17: 97–114.

Rothbart, M. K.; Posner, M. I. (1986): Temperament and the development of self regulation. In: Hartlange, H.; Telzrow, C. F. (Hg.), Neuropsychology of individual differences: a developmental perspective. New York.

Rotmann, M. (1980): Über die Rolle des Vaters in der frühen Kindheit. In: Naske, R. (Hg.), Aufbau und Störungen frühkindlicher Beziehungen zu Mutter und Vater. Wien, S. 22.

Rutter, M. (1990): Psychosocial resilience and protective mechanisms. In: Rolf, J.; Masten, A.; Cicchetti, D.; Neuchterlein, K., Risk and protective factors in the development of psychopathology. New York, S. 181–214.

Rutter, M.; Quinton, D. (1977): Psychiatric disorder – ecological factors and concepts of causation. In: McGurck, M. (Hg.), Ecological factors in human development. Amsterdam.

Sadeh, A.; Anders, T. F. (1993): Infant sleep problems: origins, assessment, interventions. Infant Mental Health Journal, 14: 17–34.

Sameroff, A. J.; Emde, R. N. (Hg.) (1989): Relationship disturbances in early childhood: A developmental approach. New York.

Sanders, M. R.; Patel, R. K.; Le Grice, B.; Shepherd, R. W. (1993): Children with persistent feeding difficulties: an observational analysis of the feeding interactions of problem and non-problem eaters. Health Psychology 12: 64–73.

Schacht, Th.; Jeffrey; Binder, J.; Strupp, H. (1991): Der dynamische

Fokus. In: Strupp, H.; Binder, J. (Hg.), Kurzpsychotherapie. Stuttgart, S. 98–119.
Schleske, G. (1992): Innere Vorstellungsbilder der Schwangeren von ihrem Kind vor und nach den spürbaren Kindsbewegungen. Inaug. Diss., Freiburg i. Br.
Schon, L. (1995): Entwicklung des Beziehungsdreiecks Vater-Mutter-Kind. Stuttgart.
Segal, H. (1957): Notes on Symbolformation. Int. J. Psychoanal. 38: 391–397.
Segal, H. (1974): Melanie Klein. München.
Shapiro, T.; Emde; R. N. (Hg.) (1993): Affect: Psychoanalytic perspectives. Madison, CT.
Simoni, H.; Amsler, F.; von Klitzing, K.; Bürgin, D. (1996): Die Paardynamik im Übergang zur Elternschaft. Praxis Psychother. Psychosom. Med. Psychol. 46: 124–130.
Skuse, D. (1993): Epidemiological and definitional issues in failure to thrive. Child Adolesc. Psychiatr. Clin. North Am. 2: 37–59.
Soulé, M. (1982): L'enfant dans la tête – L'enfant imaginaire. In: Brazelton, T. B. (Hg.), La dynamique du nourrisson. Paris, S. 135–175.
Spangler, G.; Zimmermann, P. (Hg.), (1995): Die Bindungstheorie: Grundlagen, Forschung und Anwendung. Stuttgart.
Spiker, D.; Ferguson, J.; Brooks-Gunn, J. (1993): Enhancing maternal interactive behavior and child social competence in low birth weight, premature infants. Child Development 64: 754–768.
Spitz, R. (1963): Life and the dialog. In: Gaskill, H.S. (Hg.), Counterpoint. New York, S. 154–176. (Dt.: Das Leben und der Dialog. In: Spitz, R.: Vom Dialog. Stuttgart 1976, S. 9–26)
St. James-Roberts, I.; Bowyer, S.; Varghese, S.; Sawdon, J. (1994). Infant crying patterns in Manali and London. Child: care, health and development 20: 1–15.
St. James-Roberts, I.; Conroy, S.; Wilsher, K. (1995): Clinical, developmental and social aspects of infant crying and colic. Early Development and Parenting 4: 177–189.
St. James-Roberts, I.; Halil, T. (1991): Infant crying patterns in the first year: normative and clinical findings. J. Child Psychol. Psychiatr. 32: 951–968.
Stein, A.; Gath, D. H.; Bucher, J.; Bond, A.; Day, A.; Cooper, P. J. (1991): The relationship between postnatal depression and mother child interaction. British Journal of Psychiatry, 158: 46–52.
Stern, D. N. (1984): Affect attunement. In: Call J. et al. (Hg.), Frontiers of infant psychiatry, Vol. II, S. 3–13. New York.

Stern, D. N. (1986): The interpersonal world of the infant. New York.
Stern, D. N. (1995): The motherhood constellation. A unified view of parent-infant-psychotherapy. New York.
Stierlin, H. (1976): Eine Phänomenologie der Gegenseitigkeit. In: Stierlin, H., Das Tun des Einen ist das Tun des Anderen. Eine Dynamik der menschlichen Beziehungen. Frankfurt a. M.
Straßburg, H.-M.; Müller, H.; Greiner, H. P. (1988): Chronische Unruhe und gastro-ösophagealer Reflux beim Säugling. Pädiatrische Praxis 37: 1-9.
Sturm, L.; Stancin, T. (1990): Do babies get anorexia? J. Am. Acad. Child Adolesc. Psychiatry 29. 316–317.
Süss-Burghart, H.; Brack, U. (1984): Extreme Nahrungsverweigerung bei Säuglingen, Kleinkindern und retardierten Kindern. Sozialpädiatrie 6: 660–664.
Toepfer, S. (1997): Geburtsnarrative. Entwicklung und Evaluation einer Methode zur Auswertung von elterlichenErzählungen über die Geburt des ersten Kindes. Unveröffentlichte Lizentiatsarbeit, Institut für Psychologie, Abteilung Klinische Psychologie, Basel.
Trevarthen, C. (1980): The foundations of intersubjectivity: development of interpersonal and cooperative understanding in infant. In: Olson, D. R. (Hg.), The social foundation of language and thought. Essays in honour of J. S. Bruner. New York.
Trevarthen, C.; Hubley, P. (1979): Secondary intersubjektivity: confidence, confiding and acts of meaning in the first year. In: Lock, A. (Hg.), Action, gesture and symbol. New York. S. 349–372.
Vygotsky, L. (1978): Mind in society. Cambridge, MA.
Warren, S.; Oppenheim, D., Emde, R. (1996): Can emotions and themes in children's play predict behavior problems? J. Am. Acad. Child Adolesc. Psychiatry, 35: 1331–1337.
Weatherston, D. u. Tableman, B. (1989): Infant mental health services: Supporting competencies/reducing risks. Michigan Department of Mental Health. Lansing, Michigan.
Weissbluth, M.; Liu, K. (1983): Sleep patterns, attention span and infant temperament. J. Dev. Behav. Pediatr. 4: 34–36.
Weissmann, M. M.; Paykel, E. S. (1974): The depressed woman: a study of social relationships. Chicago.
Wessel, M. A.; Cobb, J. C.; Jackson, E. B.; Harris, G. S.; Detwiler, A.C. (1954): Paroxysmal fussing in infancy, sometimes called »colic«. Pediatrics 14: 421–434.
Winnicott, D. W. (1958): Von der Kinderheilkunde zur Psychoanalyse. München, 1976.

Winnicott, D. W. (1960): Ego distortion in terms of true and false self. In: Winnicott, D. W., The Maturational Process and the facilitating environment. (Dt.: Ich-Verzerrung in Form des wahren und falschen Selbst. In: Reifungsprozesse und fördernde Umwelt, München 1974, S. 182–199)

Winnicott, D.W. (1962): The theory of the parent-infant-relationship. Int. J. Psychoanal., 41. (Dt: Die Theorie der Beziehung zwischen Mutter und Kind. In: Winnicott, D. W., Reifungsprozesse und fördernde Umwelt, München 1974, S. 47–71)

Winnicott, D. W. (1971): Vom Spiel zur Kreativität. Stuttgart, 1973.

Winnicott, D. W. (1990): Das Baby und seine Mutter. Stuttgart.

Wolff, P. H. (1987): The development of behavioral states and the expression of emotions in early infancy: New proposals for investigation. Chicago/London.

Wolke, D. (1993) The treatment of problem crying behaviour. In: St. James-Roberts, I.; Harris, G.; Messer, D. (Hg.), Infant crying, feeding and sleeping. Development, problems and treatments. Hemel Hempstead, S. 47–79.

Wolke, D.; Meyer, R.; Ohrt, B.; Riegel, K. (1995): The incidence of sleeping problems in preterm and fullterm infants discharged from neonatal special care units: an epidemiological longitudinal study. J. Child Psychol. Psychiatr. 36: 203–233.

Wolke, D.; Skuse, D. (1992): The management of infant feeding problems. In: Cooper, P.; Stein, A. (Hg.), Feeding problems and eating disorders in children and adolescents. New York, S. 27–59.

Wolke, D.; Skuse, D.; Mathisen, B. (1990): Behavioral style in failure to thrive infants – a preliminary communication. J. Ped. Psychol. 15: 237–254.

Zeanah, C. H. (Hg.), (1993): Handbook of Infant Mental Health. The Guilford Press, New York/London.

Zeanah, C.; Boris, N.; Larrieu, J. (1997): Infant development and developmental risk: A review of the past 10 years. Am. Acad. Child Adoles. Psychiatry, 36: 165–178.

Zeskind, P.S.; Shingler, E. A. (1991): Child abusers' perceptual responses to newborn infant cries varying in pitch. Infant Behav. Dev. 14: 335–348.

Zuckerman, B.; Bauchner, H.; Parker, S.; Cabral, H. (1990): Maternal depressive symptoms during pregnancy, and newborn irritability. Dev. Behav. Ped. 11: 190–194.

Die Autorinnen und Autoren

Renate Barth, Dipl.-Psych., ist Leiterin der Beratungsstelle »MenschensKind« für Eltern mit Säuglingen und Kleinkindern in Hamburg.

Dieter Bürgin, Prof. Dr. med., Kinder- und Jugendpsychiater, Kinderanalytiker, ist Direktor der Kinder- und Jugendpsychiatrischen Universitätsklinik und -Poliklinik in Basel.

Marguerite Dunitz, Dr. med., Kinderärztin, ist Universitätsdozentin für Psychosomatik und Psychotherapie, Department für allgemeine Pädiatrie der Universitätsklinik für Kinder- und Jugendheilkunde in Graz.

Nikolaus von Hofacker, Dr. med., ist Kinderarzt in der Klinik für Kinder- und Jugendpsychiatrie und Psychotherapie in Landshut.

Kai von Klitzing Priv.-Doz., Dr. med., Kinder- und Jugendpsychiater, Psychoanalytiker, ist Oberarzt an der Kinder- und Jugendpsychiatrischen Universitätsklinik und -Poliklinik in Basel.

Mechthild Papoušek, Priv.-Doz. Dr. med., Psychiaterin, ist Leiterin der Sprechstunde für Schreibabys am Institut für Soziale Pädiatrie und Jugendmedizin in München.

Fernanda Pedrina, Dr. med., Kinderärztin, ist Psychoanalytikerin in eigener Praxis in Zürich.

Peter J. Scheer, Dr. med., ist Universitätsprofessor für Psychosomatik und Psychotherapie, Department für allgemeine Pädiatrie der Universitätsklinik für Kinder- und Jugendheilkunde in Graz.

Heidi Simoni, lic. phil., ist Psychologin an der Kinder- und Jugendpsychiatrischen Universitätsklinik und -Poliklinik in Basel.

Kinderpsychotherapie / Kinderanalyse

Wilhelm Burian (Hg.)
Der beobachtete und der rekonstruierte Säugling
(Psychonalytische Blätter, Band 10). 1998. Ca. 130 Seiten, kartoniert. ISBN 3-525-46009-0

Hans Hopf
Aggression in der analytischen Therapie mit Kindern und Jugendlichen
Theoretische Annahmen und behandlungstechnische Konsequenzen. Mit Beiträgen von Ursula Schulz und Klaus Seiler. 1998. 208 Seiten, kartoniert
ISBN 3-525-45820-7

Günther Bittner
Problemkinder
Zur Psychoanalyse kindlicher und jugendlicher Verhaltensauffälligkeiten. (Sammlung Vandenhoeck). 2. Auflage 1996. 260 Seiten, 3 Abb., Paperback
ISBN 3-525-01426-0

Elke Brech / Karin Bell / Christa Marahrens-Schürg (Hg.)
Weiblicher und männlicher Ödipuskomplex
1998. Ca. 200 Seiten, kartoniert
ISBN 3-525-01443-0

Siegfried Zepf
Lust und Narzismus
1997. 149 Seiten, kartoniert
ISBN 3-525-45799-5

Werner Hilweg / Elisabeth Ullmann (Hg.)
Kindheit und Trauma
Trennung, Mißbrauch, Krieg. 1997. 251 Seiten mit 5 Abb., kartoniert
ISBN 3-525-45798-7

Dorothea Rahm
Integrative Gruppentherapie mit Kindern
Mit einem Beitrag von Carola Kirsch. 1997. 222 Seiten, kartoniert. ISBN 3-525-45800-2

Ilsabe von Viebahn
Seelische Entwicklung und ihre Störungen
Ein psychoanalytischer Grundlehrgang. 5. Auflage 1992. 262 Seiten, kartoniert
ISBN 3-525-45621-2

V&R
Vandenhoeck & Ruprecht